著 こんさん

今一番稼げるビジネス

eBayで月収50万円稼ぐ方法

ぱる出版

まえがき

eBayビジネスの夢

> サラリーマンの副業でスタートして月収 100 万円
> （20 代・会社員・男性）

> 家事の合間に取り組んで安定的に月収 40 万円
> （30 代・主婦・女性）

> 本業がコロナで傾いたが、
> 新事業で 3 年で年商 1.6 億円・月収 750 万円を達成
> （40 代・自営業・男性）

> 元 OL のシングルマザーが 4 年で脱サラ独立
> （40 代・元会社員・女性）

　これは皆、eBay ビジネスを始めて金銭的にも時間的にも自由を得た人の例です。もともとはまったく別の世界から参入し、1 年〜 4 年以内に成果を出した人ばかりです。

　eBay 輸出ビジネスは、自由な生活に最短でたどり着けるパスポート！そう言っても過言ではありません。

　では、eBay（イーベイ）とは何のことを指すのでしょうか？

簡単に言うと、**世界190カ国のユーザーに販売できる米国発の国際的な越境ECサイト**です。

さらには、

- 年間で約10兆円以上の取引高がある。

- 世界1億8000万人世界最大規模のプラットフォームである。

- 10年間で2倍に市場が拡大。

などの特徴があります。もともとは、ヤフオクやメルカリと同じオークションサイトからスタートしましたが、現在ではAmazonと同じマーケットプレイスとして認識されています。

ただ、eBayはアカウントを開設してすぐに売上を上げることはできません。アカウント開設直後には3品250ドルの出品制限があり、自由に出品できるようになるには数ヶ月を要します。これは悪質業者がeBayに参入しないように、セキュリティを強化しているためで、逆に**真面目に販売したセラーにはどんどん枠が与えられます**。

一見、厳しい仕組みに思えますが、制限があることで質の高いセラーだけが残っています。その結果、世界の富裕層も安心して集まってくるため、平均利益率30%を安定的に稼ぐことも十分可能です。

eBay輸出ビジネスは、一度軌道に乗れば、エスカレーター式に売上を伸ばすこともできます。初心者からでもコツコツ取り組みことで、お金と時間から縛られない自由を達成できるでしょう。

実は日本人が一番有利なビジネス

　eBayは世界190カ国に展開していますが、**実は日本人セラーが世界で一番有利**です。

　なぜなら、Made in Japan, Used in Japanの商品は世界で一番人気があるからです。ご存じの通り、Made in Japanは日本製の商品という意味ですが、Used in Japanは「日本人が使った中古品」という意味です。世界の常識では、中古品は相当傷んでいるか、故障しているかのどちらかです。ところが、日本人が使用した中古品は、商品の状態が良いと世界中から称賛されています。

　もちろん、どんな商品でも出品すれば必ず売れるわけではありません。私が教えているeBayビジネスでは、特にMade in Japan, Used in Japanのアンティークコレクト品が中心です。eBay輸出ビジネスは、中古で稀少なアンティークコレクト品を日本で安く仕入れ、**価値を高く感じてくれる海外富裕層のコレクターに販売するビジネスモデル**です。顧客にとっては、自国では入手できないレアな商品であるため、多少送料がかかっても欲しいと感じてくれます。

　もちろん、アンティークコレクト品の価値をしっかりと伝える技術は必要です。顧客に本来の価値を伝えることができれば、高い利益が得られます。このように、eBay輸出ビジネスは、日本人セラーに大きなチャンスがあり、高利益で安定的に稼げるビジネスとなり得るのです。

著者紹介

　ご挨拶が遅れました、eBayコンサルのプロでありeBay輸出ビジネススクール校長のこんさんこと李 公熙（リ・コンヒ）と申します。

　私が2017年1月から始めた完全個別指導性のスクールは累計15期を迎え、卒業生と在校生も合わせて2000人以上になりました。スクールの実績は、月利30万円以上の生徒を1000人以上、月利100万円以上の生徒を150人以上、輩出しています。

　実は、eBay輸出ビジネスを始めたきっかけは、K-POPのCDとアイドルグッズを販売するネットショップで失敗し、2300万円の借金をしたことにあります。

　少し長くなりますが、私の失敗談をシェアします。当時、私は韓国語が話せたため、韓国の商品を日本に輸入するビジネスを考えました。食品は個人輸入のハードルは低いものの、大量輸入は難しいと断念。コスメは薬事法の関係でハードルが高いので辞め、アパレルや雑貨は高いファッションセンスが要求されるので諦めました。そこで、私はK-POPのCDに注目しました。当時の日本ではK-POPが大ブームであり、「CDは腐ることもないし、円高も追い風になる」と思い、安易にスタートしてしまったのです。

　当時の私は、インターネットも未経験、ダブルクリックすらできないというIT初心者。慣れないながらも何とか始めてみましたが、すぐに自分の過ちに気づきました。新品のCDは、誰でも売れてしまう

ため、競合も多く価格勝負になるのです。つまり、HMV、タワーレコード、Amazonなどの大手と戦わなければなりません。品質はどこで買っても同じため、安くないと売れず、1枚売っても100円しか儲かりません。

　月に6000枚のCDを捌いて、何とか生活できる状況です。さらに、新品商品は販路が多い方が1枚でも多く売れるので、複数のショッピングモールサイトに出店する必要があり、管理が大変でした。妻と一緒に朝7時から深夜1時までの18時間休みなく働き詰めで7年の月日を過ごしたのです。

　そんな私たち夫婦に大きな転機が訪れました。それは、2014年に韓国で起こったセウォル号の沈没事故です。この沈没事故は、乗客299人が亡くなり、韓国中が追悼する大事故に発展しました。そこで、一斉に芸能人やアーティストが芸能活動を自粛し、新作CDが発売されなくなりました。K-POPアイドルのファンは、とてもミーハーな人が多く、日本の男性アイドルや女性アイドルに流れていったのです。

　私たちのCD売上の9割は新作でしたので、急激に売上がダウン。月商500万円が一気に10分の1の月商50万円まで減少。もともと、利益率7％と薄利だったため、月に3万5000円しか稼げなくなりました。それどころか、経費を差し引くと毎月150万円の赤字という悲惨な状況に。自分の車を売って、何とか食いつなぐ日々…。妻とのケンカも絶えなくなり、何度も離婚の危機が訪れました。

　このセウォル号の沈没事故から8ヶ月で、借金は2300万円にまで膨れ上がり、自己破産も頭をよぎりました。当時の私は「中2の息子と中

1の娘に進学させてあげられないかもしれない…」と悩んでいました。

そのようなピンチの状況で、幸運にも現在のeBay輸出ビジネスと出会えたのです。私は、このビジネスに大きな可能性を感じ、すぐに事業参入。K-POPのＣＤ輸入販売とは異なり、一つの販売サイトに登録するだけで済みます。軌道に乗れば、高利益率の高単価商品をリピート販売できるため、手間と時間もかかりません。長時間労働で薄利多売のビジネスをしてきた私には、「eBay輸出ビジネスは何と素晴らしいビジネスだろう」と感じました。

それからの私は、まさに水を得た魚のように復活をとげたのです。2015年1月からeBay輸出ビジネスに取り組み、スタート4ヵ月で月収100万円を達成。そして、eBay輸出ビジネスのおかげで2300万円の借金も開始1年10カ月で完済できました。

そして、私はeBay輸出ビジネスに大きな可能性を感じ、2015年11月からコンサルタント業をスタート。「多くの方を本気で稼がせたい！」という強い想いから、現在のスクール事業を立ち上げました。現在、会社員や個人事業主、経営者、主婦などさまざまな方が結果を出すのを見ながら、このビジネスの大きな可能性を確信しています。

本書では、私がスクールで教えているeBay輸出ビジネスの大切なエッセンスをお伝えします。そこから、このビジネスの大きな可能性を感じてもらえたら嬉しいです。本書をきっかけに、どん底にいた私のような方が人生を大きく好転させることを願っています。ぜひ、自分の明るい未来を想像しながら、楽しんで読んでくださいね。

目次

第 1 章

なぜ今、
「eBay ビジネス」を始めるべきなのか？ 15

第4章

eBay ビジネスの販売戦略 ·········· 103

第7章

eBay ビジネスで夢を叶えよう ……………… 171

企画協力：潮凪洋介（HEARTLAND Inc.）

編集協力：町田新吾、柴田恵理

DTP制作：広田正康

＼ 本書をお読みくださったあなたへ ／

感謝の気持ちをこめた 11の特典のご案内

LINE登録特典

① eBay 完全攻略解説動画

② eBay アカウント設定ガイド (36 ページ)

③ eBay Business Policies 設定ガイド (22 ページ)

④ Seller Hub のはじめ方 (2 分)

⑤ eBay store 登録設定ガイド (11 ページ)

⑥ eBay store 変更方法 (12 ページ)

⑦ 評価貯め解説動画 (14 分)

⑧ セラーハブの使い方解説動画 (10 分)

⑨ ライバルセラーの出品から eBay で商品を探す方法解説動画 (26 分)

⑩ 在庫、利益管理シート

⑪ 書籍購入者限定

無料個別相談

eBay 初心者、未経験者、経験者問わず、あなたのお悩み解決します。
私、こんさん 1 対 1 で、しっかり親身になってあなたの相談に乗ります。

ぜひ購入者限定 LINE から 特典を受け取ってください。

https://liff-gateway.lineml.jp/landing?follow=%40918qfpm
k&lp=axSg5b&liff_id=1656771573-3yz5OnDE

※特典プレゼントは予告なく終了となる場合がございます。あらかじめご了承ください。
※図書館等の貸出では特典プレゼントは出来ません。
※本特典の提供は、株式会社 SUN が実施します。
※販売書店、取扱図書館、出版社とは関係ございません。
※お問い合わせは https://sunspirits.jp/contact/ からお願いいたします。

第1章

なぜ今、「eBayビジネス」を始めるべきなのか?

1-1 世界最大規模であるeBayという巨大マーケット

　読者のみなさんの中には「eBayって何？」と思った方もいるかもしれません。「eBay」は「イーベイ」と発音します。そして、ひと言で説明すると、アメリカ発の**世界最大級のネットオークションサイト**です。日本国内のメルカリ、Amazon、ヤフオク！を想像すると分かりやすいかもしれません。日本ではあまり知られていませんが、実はeBayは国内サイトとは比較にならないほどの巨大マーケットなのです。

eBayの特徴

　eBayの主な特徴は、大きく分けて2つあります。まず1つ目はなんと言っても、圧倒的なユーザー数です。2021年3月末時点で、ユーザー数は1億8,700万人以上。これは、日本の総人口1億2,000万人をゆうに超えています。ちなみに、10年前のeBayのユーザー数は8,950万人でした。実は、たった10年でユーザー数が約2倍に増加しているのです！この伸び率、すごいと思いませんか？　それだけ期待値が高いことがわかります。

　2つ目は、eBayでは**本当の意味でのグローバル取引が可能**だと言う事です。現在では、世界190ヶ国の人が利用しています。本当に世界中から商品注文が来ることがeBayの特徴です。Amazonなどでは、国ごとにサイトを作って出品する必要がありますが、eBayではその必要がなく一括でワールドワイドな取引が可能です。

eBayは世界最大規模のECサイト

eBayがどれだけ巨大モールなのか、日本国内の大手通販サイトや
オークションサイトと比較してみましょう。国内サイトの中で一番
ユーザー数が多い楽天市場は5,100万人であり、Amazonでも5,000
万人未満です（ニールセン株式会社の2021年調査[1]。ECモール、
2021年12月利用者数は、楽天がトップで、以降Amazon, Yahoo!,
auが続く）。eBayは、このような国内サイトと比較しても、ユーザー
数は3倍以上です。この数字だけでも市場規模の大きさが伝わると思
います。

また、eBayユーザーの国・地域別の割合は、アメリカ50%、イギ
リス15%、ヨーロッパ25%、アジア・オセアニア地域9.9%となっ
ています。9割以上が海外ユーザーであり、この層に対して日本の商
品を販売することが可能です。特に注目すべきは、**アメリカがユー
ザーの50%以上を占めている点**。アメリカの人口は3億人を超え、
平均年収は2023年には970万円（1ドル―140円で算出）になって
います。

このように、eBayのメリットは経済成長を続ける国のユーザーに
対して商品を販売できる点です。eBayは世界190カ国に展開できる
個人ビジネスです。私は、他にこのようなビジネスを聞いたことがあ
りません。まさに今、最も勢いのあるグローバルビジネスの1つだと
考えています。

※1 https://ecclab.empowershop.co.jp/archives/75749

1-2 縮小し続ける日本のマーケット

　私は、日本人のビジネスのやり方を見ると、度々「もったいない！」と感じてしまいます。それは、巨大な海外マーケットの存在を無視して、「日本国内だけで」「日本人だけに」商品を売ろうとしているからです。これからの時代、もっと世界へ目を向けないと、継続的な成長は難しくなると考えています。

　その理由は、**日本のマーケットが縮小している事実**です。つまり、顧客となる日本人の高齢化が進んでいる点です。Worldometers による2020年のデータ[※2]によると、世界の平均年齢は30.9歳なのに対し、**日本人の平均年齢は48.4歳で世界１位**です。このデータでも、日本の高齢化はかなり進んでいることがわかると思います。

高齢化はビジネス市場においても悪影響

　もちろん、日本人の長寿は喜ぶべき事ですが、経済やマーケットの観点から見ると、高齢化は決してプラスの材料にはなりません。

　ビジネスの顧客としては、やはり20代〜30代が商品購買力のある年齢層です。仕事を始めたばかりの若者たちは、給料を自分の好きな物や趣味に使います。デートで着るおしゃれな洋服、友達との旅行、趣味のロードバイク、ノートパソコンなどを買うのです。さらに、若い人は、結婚式やマイホーム購入などの人生の一大イベントが控えています。出産したら子どものミルクやおもちゃにもお金を使い、頻繁

※2 Worldometers 世界の平均年齢
　　https://www.worldometers.info/demographics/world-demographics/

に遊びに出かけてお金を落としてくれます。

　人は年齢を重ねてくると、物欲が減り体力が落ちるため、若い頃のように遊び回ることができなくなります。事実、日本では年々少子化が進んでいます。厚労省のデータによると、2018年の合計特殊出生率は1.42です。残念ながら、今後もこの動きは止まらないでしょう。

　そして、20年後の2043年には、日本の平均年齢は65歳、世界の平均年齢は25歳だと言われています。そのうえ、日本人は世界の中でも特に貯蓄が好きな国民で、お金があってもなかなか使いません。

未来の市場を考えるなら海外に視点を

　このように、日本のマーケットは、「人口が少ない」「若い年齢層が少ない」「貯蓄が好きな国民性」というネガティブ要因が3拍子も揃っています。今後は日本だけで物販をする人や企業はかなり厳しい戦いになるでしょう。特に流通経路の少ない個人店は、ますます苦戦する事になるのは容易に想像できます。

　しかし、一度世界に目を向ければ、目の前に青い大海原が広がっています。自宅にいながらeBayを活用するだけで、グローバルな巨大市場に対してビジネスが出来るのです。このような環境があるにも関わらず、日本だけで販売するのは大きな機会損失だと思いませんか?この状況は、目の前に顧客が100人いるのに、その内の1人にしか営業しないのと同じです。せっかく、インターネットで世界中に商品が売れる時代に生きているのに、あえて日本でしかビジネスをしない理由はないでしょう。

1-3 「どこで」「誰に」「何を」売るのか

ビジネスで大切な3つの軸は、「どこで」「誰に」「何を」販売するかです。この3つの条件が揃えば、どの業界でもどんな商品でもビジネスは必ず成功します。これは私の経験上、間違いありません。しかし1つでも選択肢を間違うと、物販では在庫と借金を抱え込む悲惨な結果が待っています。

私は2015年からeBay輸出ビジネスを始め、スタート4ヶ月目で月収100万円（経常利益）を達成しました。その後、「ビジネスで成功して独立したい人や、新たな事業柱を作って会社をより成長させたいと思っている企業に、更なる経済的自由と時間の自由を得てほしい」という想いが強くなり、現在はeBayビジネスに関するコンサルティングとスクール運営を行なっています。

今一番儲かるためには「どこで」「誰に」「何を売る」

私は様々なビジネスを経験しましたが、**「eBayで」「富裕層に」「Made in Japan, Used in Japan商品」を販売すること**が一番の成功への近道だと確信しています。

まず「eBay」のメリットは、先述した通り、広い世界市場でビジネスが出来ることです。そして「富裕層」は、商品に価値を感じたら高額でも購入してくれます。一般人は物を買うとき、価格ありきで購入するかどうかを判断します。富裕層は、**私たち一般人とはお金に対**

する価値観が全く違います。

　例えば、あなたが腕時計を購入する場合を考えてみてください。好きなデザインやブランドの商品を見つけても、予算より遥かに高い価格の場合、あなたならどうしますか？　きっと、一瞬買うかどうかを躊躇すると思います。そして、多くの人は妥協して、「こっちの安い時計にしよう」と、似たデザインで値段の安い腕時計を選ぶことになるでしょう。

　それとは対照的に、**富裕層たちは、「これ！」と思った商品ならお金に糸目はつけません。**しかし、富裕層は自分が気に入らなければ1円も払いません。このように、富裕層はこだわりがとても強く、マニアックな一面があります。ビジネスという視点で考えると、富裕層が欲しくなる「価値ある高額商品」を販売すれば、高い利益が得られるということです。

「eBayビジネスで扱う日本製品の魅力」

　次に日本製品の魅力について説明します。日本製品と聞くと、着物や伝統工芸品を想像する人が多いのですが、そうではありません。商品価値が高いのは、日本で廃番になったアンティーク製品です。つまり、**「made in Japan, used in Japan」のアンティーク・コレクト商品**です。日本に眠っているこれらの商品は、世界では「洗練されたデザイン」「長持ち」「程度が良い」と高く評価され、とても人気があります。

　例えばフィリピンでは、国産の新品自転車より、日本から輸入した中

古自転車の方が高い価格で販売されています。また、フェラーリの日本人オーナーは、愛煙家であっても車内ではタバコを吸いません。車の座席にコーヒーをこぼすこともなく、頻繁にワックスがけを行うなど、車をとても丁寧に扱います。海外では「物は使い倒す」という考え方なので、早く痛むのです。さらに、日本では大切な物を「大事にしまう」文化があります。その結果、日本には状態の良い中古品が数多く残っているのです。

　以上の理由から、**世界マーケットを持つ「eBay」で、高額商品を購入する海外の「富裕層」に、状態の良い「日本にしかない物」を販売するeBay輸出ビジネスがベスト**なのです。ここからは、様々な事例や実績を用いながら、このビジネスの魅力を伝えていきます。

1-4 新品商品と中古商品 どちらが儲かる?

　物販ビジネスでは、新品と中古品どちらを売るかで明暗が分かれます。私は、物販ビジネスを2003年から行ってきましたが、**「新品より中古品の方が儲かる」と断言できます**。しかも、中古品のなかでも、現在は生産中止になっている廃番品が狙い目です。中古品を推奨する理由は主に下記の3つです。

┃ 新品より安い

　まず1つ目の理由は、**新品と比べて中古品は定価より安く仕入れる事が出来る**点です。運が良ければ、無料で仕入れられることもあります。通常の流通経路は、メーカー→一次問屋→二次問屋→小売店→顧客です。個人で新品を仕入れる場合、この流通経路の中の一般的には小売店の立場で仕入れることになります。これだと流通経路の下流になり、安く仕入れる事が困難です。つまり、安く仕入れるためには大量に仕入れるか、自身のブランドを立ち上げるかになるので、かなりのリスクを伴います。

理由2

中古品は一点モノ

　新品はどこの店で買っても商品の状態は同じですが、中古品の場合は一点ずつ状態が異なるため、**必ず一点モノになります**。しかも、新品の場合は100個などロット単位での仕入れが主となる場合が多く、完売しない場合は在庫を抱えるリスクが高まります。一点モノになると、希少価値が出て価格が跳ね上がることも多々あります。アンティーク・コレクト品を扱う場合、在庫の資産価値もこれから上がる可能性も秘めています。将来的に価格高騰する可能性もあり、投資としても最適です。

理由3

新品は利益率が低い

　新品の場合は、定価を基準に価格を決めなければなりません。また、安易に仕入れができるためライバルセラーも多く、同業者との価格競争で薄利になりがちです。さらに、プラットフォームへの支払手数料も考慮すると、利益はわずかしか残らないのが現状です。

中古品は利益率が本当に高い？

　ここで注意すべきなのは、**中古品にも現行品と廃番品の二種類が存在する**点です。現行品中古は新品の価格と連動するため、新品と同じく価格競争になります。その理由は、新品だと高くて手が出ない人が、「中古

品は新品に比べて安いから」と言って、価格だけを理由に購入するからです。

　そのため、現行品中古は新品と同様に安くしないと売れません。必然的に薄利競争に陥りやすくなり、数を売って利益を積み上げる必要があります。以上が、私が現行品中古の販売を勧めない理由です。

　それに対して、廃番品中古は古い商品なので、定価という概念が崩れています。そのため、そもそもの定価が存在しません。その結果、商品の使用状態や希少性などから、**自分で定めた値付けができる**メリットがあります。

　例えば、中古品で廃番になったSONYのカセットウォークマンは、希少性がとても高く、利益が出やすい商品です。世界には若い頃に聞いていたカセットは持っていて、「あの頃のようにまた聞きたい！」と思う人や、「当時はお金がなくて買えなかったけど、今なら買いたい！」と考えている人が意外にも多いのです。

　ただ、廃番品は古いため、そもそも出回っている品数が少なくなります。その上、状態の良い物、稼働品となると、さらに稀少です。このため、コレクターが欲しくても容易に手に入らないため、「価格が高くても欲しい」という人間心理が働きます。

　だからこそ中古品の中でも廃番となったアンティーク・コレクト品が儲かるのです。世界的認知度が高く、日本にしかない物なら、必然的に利益率は非常に高くなります。余談ですが、このような商品を購入される方は親日家の方も多く、商品を送る際に折り鶴を入れると、とても喜んでくれたりします。

1-5 eBayでは 利益率平均30%以上も可能

　私の経験上、新品商品の国内販売については、最大利益10 ～ 15%です。eBay輸出ビジネスにおいては、しっかり取り組めば、**平均利益率が30%～ 50%に達することも可能**です。なぜなら、eBayはセラーの参入障壁が非常に高く、趣味嗜好品と相性が良いサイトだからです。

　ただ、世界中から参入できるため、悪いセラーが商売できないように様々な施策が取られています。そのため、新規で参入するセラーには厳しいルールがあります。他のプラットフォームで物販ビジネスをしている人のなかでeBayに興味を持つ方も多くいます。しかし、出品が難しくて断念する人が多く、続けられる割合は100人いたら1人程度です。私のスクールでも、安定的に長く利益を出すために、出品ルールなどは厳しく指導しています。

eBay初心者にとっての3つの関門

　eBay初心者にとって、最初の難関は3つあります。まず、最初の大きな壁は、**英語表記のサイトだということ**です。日本人は英語が苦手な人も多く、英語と聞いただけで諦める人がほとんどです。それくらい日本人にとって、英語は高い壁だと言えます。

　次の関門は、リミットです。リミットを簡単に説明すると出品枠の事です。

日本のポータルサイトでは存在することは稀ですが、eBayではアカウント開設時は**3品250ドルしか出品枠がありません**。これは出品金額、もしくは出品数のいずれかが枠の上限に達したらそれ以上は出品できないルールです。これでは稼ぐ以前の問題ですね。しかもこのリミットは開設後30日以上経過しないと枠の上限の引き上げ申請が出来ません。仮にできても最初はわずかしか上がらず、それ以降も前項申請時から30日以上経過しないとリミットアップ申請が出来ないため、希望の売上を達成するための出品枠を獲得するまでにとんでもない時間がかかってしまいます。

　無事に2つの関門をクリアしても、3つ目の難関がやってきます。それは**eBayが行う頻繁なルール変更**です。しかも、一般的にはサポートを受けてないセラーにはルール変更の連絡はありません。また、ルール以外にも、ページデザインの変更なども頻繁に起こります。普通の人では、ルールが変わったことすら気づかないでしょう。そのため、気づいた頃には「時すでに遅し」で、知らぬ間にルール違反を犯してアカウント停止にまで発展することもあります。

　初心者セラーは信用がないため、突発的な行動は避けましょう。つまり「いきなり高額商品を販売する」「一日に何十個も購入する」といった事をするとアカウントは止まりやすくなります。**最初は慎重に取り組んで進める必要があります**。外出先のフリーWifiからログインすると、アカウントの信用がない間は不審に思われて止められるリスクもあります。特に最初のうちは、不特定多数のWifiからのログインは避けましょう。

ルールは厳しいがそのぶん信頼されやすい

　事実、eBayはこのようなしがらみが多く、やる前から諦める人も多くいます。ただ、この厳しいルールのおかげで、悪徳業者が参入できない、安心安全に使えるサイトが実現できるのです。

　eBay輸出ビジネスで私が勧めているのは、コレクターが集める趣味嗜好品の販売です。初めてのセラーから買うバイヤーは、「海外の知らない人から、こんなに高いお金を出して買っても大丈夫だろうか」という不安があります。そこで、まずは安い商品を買って様子を見ます。「問い合わせにもすぐ答えてくれる」「包装も丁寧だな」など、信頼したら同じセラーから何度もリピート購入します。セラーの視点で考えると、リピート購入してくれるファンをたくさん作ると商売が安定します。

　このように、eBayは**信頼を積み上げて商売が出来るサイト**です。初心者の参入障壁が高いからこそ、セラーの信頼を積み上げやすく、その結果、利益率30％を実現できるのです。

1-6 eBayの強さは キャッシュフローの早さ

　eBay輸出ビジネスの強みは、キャッシュフローが早いことです。つまり、**販売から入金までのサイクルがとても短い**のです。このキャッシュフローの早さは、商売をやる上では、非常に重要な要素です。

　今の時代、キャッシュレス化も加速しています。ポイントも溜まる事から、多くのセラーはクレジットカード決済で商品を仕入れています。そして、商品の売上からまた仕入れを行います。もし、キャッシュフローが遅い場合、クレジットカードの支払いに間に合わなくなるリスクがあります。

国内サービスはキャッシュフローが遅い

　国内のショッピングモールサイトや決済代行会社では、都度払いというシステムはほとんどありません。一般的には、ある程度の売上をまとめてセラーに支払います。

　例えば、末締め翌末払いなら、3月1日〜31日までの売上が4月30日に入金されます。このように、最大で60日、最短でも30日間資金が拘束されます。これでは、キャッシュフローが遅いため、資金管理は大変になってしまいます。

　また、フリマサイトやオークションサイトの場合、販売から発送し、

購入者に到着し、到着後に購入者が受け取り連絡をしないと入金が確定されません。こちらに関しては相手依存で、相手のアクションのスピード次第では数週間資金が凍結される事になってしまいます。

eBayなら最短4日で出金可能

　これらのプラットフォームに比べると、**eBayは商品が売れた時点で入金されるため、キャッシュフロー的に有利**です。eBayのシステムでは、顧客から様々な通貨で支払われたお金は、一旦eBayの決済プラットフォームpayoneer（ペイオニア）に集まります。集金処理に3日間かかりますが、そのすぐ後にセラーへ入金されるので、最短4日で入金されます。さらに、**売上の出金はセラーの好きなタイミングで行うことが可能**です。手元に資金が欲しければ、即日現金化することもできます。ちなみに資金に余裕がある人は、売上を貯金のようにストックしておき、現金化しない人もいます。しかも、eBayの場合は外貨で売上を受け取るので、為替の状況を見て現金化することも可能です。実際、2022年1月に1ドル110円から140円になった際は、為替差益だけで300万円の利益を出した方もいました。

　すべての商売と同じように、物販ビジネスでもキャッシュフローの問題はついてまわります。eBay輸出ビジネスでは、1週間程度で現金化できるため、キャッシュフローが早いのです。このメリットの大きさは、すでに商売をやっている人ならわかると思います。このキャッシュフローの早さは、事業者の精神を安定させるだけでなく、ビジネスを継続的に成長させてくれるでしょう。

1-7 輸出ビジネスだからこそのメリット

消費税還付という巨大なメリット

eBay 輸出ビジネスは、高い利益率を実現できるとお伝えしてきました。実は、輸出ビジネスは物販の利益に加えて副産物として大きなメリットがあります。それは、**消費税還付を受け取れること**です。

消費税還付とは、売上で受け取った消費税よりも、税務署に支払った消費税が多い場合に、その差額が返金される制度です。

わかりやすくするため、国内物販と輸出物販を事業者のパターンで説明しましょう。2つの事業者とも下記のように同じ売上、仕入、経費、利益の場合を想定してください。

売上　5,000 万円
仕入　3,000 万円
経費　1,000 万円
─────────────
利益　1,000 万円

国内物販事業者は下記計算式で出た金額を消費税として納税します。
（消費税10%で計算）

売上 5,000 万円× 10% ―（仕入 3,000 万円 ＋ 経費 1,000 万円）
× 10% ＝ 100 万円

　それに対して、国内で商品を仕入れて海外へ販売をする輸出物販事業者のケースを考えていきます。この場合、売上は外貨で受け取るため、消費税の納税義務が免除される消費税免税事業者の扱いになります。消費税は、外国で消費されるものには課税しないという考えに基づくためです。国内物販では消費税を支払いましたが、逆に国内で支払った仕入や経費の総支出額の10%が消費税の還付対象になります。

　数式で表すと以下になります。

売上 5,000 万円× 0% ―（仕入 3,000 万円 ＋ 経費 1,000 万円）
× 10% ＝ ▲ 400 万円

　つまり、還付金は400万円です。

▎海外バイヤーは免税される

　難しく感じる人もいるかもしれませんので、もう少し補足します。eBayの顧客は海外在住のため、そもそも日本の消費税を支払う必要はありません。一方、セラーは、国内での仕入や経費は税込で購入しています。つまり、支払う必要のない消費税を支払っている状態です。輸出物販事業者は免税事業者なのにも関わらず、納税している状況な

のです。そのため、既に国内で支払った分の消費税 10％が返ってくるというわけです。複雑に見えても、分かってしまえば実はシンプルです。**本来払う必要のない消費税を支払っているため、その分が戻ってくる**ということです。

　商売をされている方はよくわかると思いますが、10％が戻ってくるビジネスは非常に驚異的です。上記の例だと本来100万円支払っていたはずが400万円受け取ることになるので差額は500万円です。消費税とはいえ、取引額が大きいと馬鹿にできない額になることは理解いただけたでしょう。少し長くなりましたが、これが消費税還付という仕組みです。

消費税還付の手続きは簡単

　消費税還付を受け取るまでの手順はそれほど難しくありません。まず、税務署に開業届を出して、定款に「輸出業」と記載します。そして、税務署には、1年に 1 回還付を受けるのか、3 カ月に 1 回還付を受けるのか、どの期間で還付を受けるのかを申請してください。そして、自分が決めた期間ごとに消費税還付の申請を行いましょう。

　消費税還付は大きな利点ですが、消費税還付だけを目的にしないようにしましょう。私が見てきた人で、消費税還付のために一生懸命になりすぎて、還付金以上の時間コストをかけている方もいました。しかしあくまでも商売としてきちんと利益を出し、そのおまけとして消費税還付があると考えて下さい。

1-8 商品紹介の表現力次第で 売上は大きく変わる

　eBay輸出ビジネスでは、商品ページの見せ方が特に重要です。実は、**商品価値を魅力的にアピールできると、売上が2倍以上アップすることもあります**。その秘密は、ずばり**商品写真とタイトル**です。

　写真撮影は自分では撮らず、プロのカメラマンに外注することをお勧めします。商品撮影で何より大切なのは、**アングル**です。ただ撮るのではなく格好良く見せる撮影を心がけてください。あらゆる角度で撮影し最低でも8枚以上は掲載しましょう。もう一つ大切なのが写真のクオリティです。下手な写真だといくら良い商品でもジャンク品のように見えてしまいます。逆に撮影次第では新品同様に見えます。撮影はこだわりを持つことです。

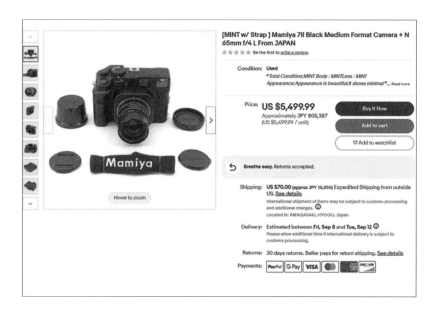

さらに、動画もアップできます。静止画より動画の方が当然分かりやすいので、商品動画も必ずアップしましょう。販売率が格段に上がるだけでなく、返品率も下がります。

そしてタイトルは、80文字以内に商品の魅力が伝わるように記載しましょう。私はわずか80文字のタイトルに1時間以上かけることも少なくありません。「どのようなタイトルにしたらバイヤーの心に刺さるだろうか?」「どう表現すれば80文字で全てを伝えられるのか?」など、タイトル作成はまさに哲学そのものです。

アンティークコレクト品だからこそ信頼性が大切

このように細部までこだわる理由は、特にアンティーク・コレクト品の場合、**値段よりも商品の状態や価値を吟味されるから**です。Amazonなどで一般的な商品を購入する場合、商品名で検索するため、一番上に表示される商品ページから買われていきます。しかし、eBayのアンティーク・コレクト品の場合は違います。コレクターかつ富裕層である顧客は中古品だからこそ、状態の良いものを選ぶのです。また、顧客は「状態の悪い商品や記載内容と違う商品を買いたくない」という不安を持ちながら商品を探しています。そのため、慎重に商品ページの隅々までチェックしています。

まず、商品ページの写真についてのポイントを説明しましょう。1枚目の写真は、付属品を含めた商品すべてが入るようにします。具体的には、説明書、保証書(期限問わず)、メーカー問い合わせ用のハガキ、郵便局の払込伝票の全てを一緒に撮影します。顧客に商品の状態の良さがアピールできるような明るい写真がベストです。この際、

商品カバーなども外し、あらゆる角度から写真を撮ります。シリアル
番号がある場合は、数字がしっかり見えるように撮影します。シリア
ル番号がないと、いくら状態が良くても価値や魅力が伝わりません。
次の２つの写真を見比べてみてください。まったく印象が異なること
が分かってもらえると思います。

良い例

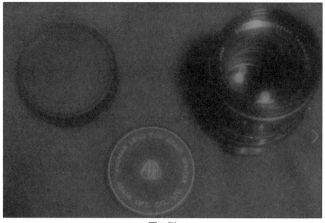

悪い例

商品タイトルには日本人セラーのアピールを

　eBayで販売する場合、商品タイトルは80文字以内に収める必要があります。その短い文章中に、商品の魅力をギュッと凝縮させて伝えるのが醍醐味です。特に今は、多くの人がスマートフォンで商品を購入します。中にはタイトルが15文字しか表示されない機種もありますので、そのあたりも踏まえながら、記載する情報の順番も考慮することが大切です。

　タイトルは、**商品の状態、付属品、型番の順に記載していきます。**さらに最後に必ず「From Japan」を付けてください。日本人セラーであることが、世界ではブランドになるからです。商品ページをよく見れば日本からの発送だと分かるのですが、見落とされるかもしれません。顧客が簡単に分かるように、タイトルに表記しておきましょう。

　eBayの商品ページは、写真とタイトルの両輪で魅力を伝えることが大切です。タイトルだけ良くてもダメですし、写真だけ良くてもダメです。ありがちなのが、売れないと嘆く人が安易に値下げに走ることです。アンティーク・コレクト品では、価値ある商品を価値の分かるバイヤーに販売するのが王道です。残念ながら、**安売りしたら売れるという物ではありません。**物には適正価格があるので、商品の価値に見合う値決めが重要です。

　売れないという方の商品のタイトルを変え、逆に1000ドル値上げしたらすぐに売れたなんて事が多々あります。アンティーク・コレクト品は、商品の価値と魅力をしっかり伝えることで、高い利益を得ることが出来るのです。自分の伝え方のスキル次第で、大きく利益が変わってくるのも、このビジネスの魅力でしょう。

利益ゼロの飲食業から2年で月利100万円

　eBay輸出ビジネスに出会ったきっかけは、サイドビジネスで始めた飲食業でした。開始当初こそ順調だったのですが、2ヶ月、3ヶ月と経つごとに売上がどんどん減少。1年半で私の手元に残った収益はなんと0円でした…。これ以上、周囲に悪影響を与えないように、たった1年半でお店を閉めることにしました。

　新規でビジネスを立ち上げる難しさをつくづく実感していた頃、ある説明会に参加し、eBay輸出ビジネスとコンさんに出会いました。それが私の人生の転換点でした。全く素人の私が、本業の傍ら、開始4ヶ月で月30万円ほどの利益になり、半年後に50万円、2年後には100万円以上と、これまでやってきたビジネスとは比べ物にならない利益を上げることができるようになりました。しかも自分1人の活動で、都合のいいタイミングで働くことで実現できたのです。飲食店の時は、たくさんの人で、長時間働いて手元に残るお金は0円だったので、それを思うと大違いです！

　また、飲食店などは出店するには大きな投資も必要ですが、輸出ビジネスは基本的に、必要な在庫を仕入れる資金だけで始められます。さらに新規事業は収益化まで2〜5年もかかるのが通常ですが、輸出ビジネスなら全くの未経験者がゼロから立ち上げて、数ヶ月で収益化が可能です。

　今では本業の軸足をeBay輸出ビジネスに移しています。物販で稼ぎながら、「自分の成功体験を1人でも多くの人にお伝えしたい」と思い、講師業もはじめました。私は、eBay輸出ビジネスに出会うことができ、とてもラッキーでした。eBayビジネスコミュニティには夢を実現できる環境が整っています。やったらやっただけ自分に返ってきます。後はやるかやらないかだけです。

H.Kさん（44歳・男性）

eBayビジネスを
始めるためのステップ

2-1 まずは、eBayアカウントに登録しよう

　eBay輸出ビジネスを始める際には、まずはアカウント登録をする必要があります。

　アカウント登録には次の２つのステップがあります。まず、eBayと決済代行会社Payoneerのアカウント登録をします。出品する際、個人出品と法人出品の２種類から選び、個人出品のなかには、個人と個人事業主があります。つまり、アカウントのプランは**個人、個人事業主、法人**の３つがあり、その中から一つを選択します。

　アカウント信用度を考慮すると、個人事業主の方が有利ですが、開業届を出す必要があります。もし、現時点で開業届を出していなければ、始めは個人の登録からで全く問題ありません。後々、変更することも可能ですので、それほど気にしなくて大丈夫です。また、アカウントの種類によって、eBay側へ提出する書類が異なります。必要書類については下表を参考にしてください。

2021年3月現在

	履歴事項全部証明書	個人事業の開業届出書	本人確認書類	住所確認書類
法人	法人登記の確認が取れる履歴事項全部証明書（発行3カ月以内）※eBayアカウントに登録した住所と一致している必要があります	-	eBayアカウントに登録したお名前と一致する、顔写真付き本人確認書類（運転免許証・パスポートなど）	-
個人事業主	-	個人事業主の確認が取れる個人事業主の開業届出書	eBayアカウントに登録したお名前と一致する、顔写真付き本人確認書類（運転免許証・パスポートなど）	eBayアカウントに登録した住所と一致する、住所が確認できる公的な書類（電気、ガス、水道などの請求書）※eBayアカウントに登録した住所と一致している必要があります
個人	-	-	eBayアカウントに登録したお名前と一致する、顔写真付き本人確認書類（運転免許証・パスポートなど）	eBayアカウントに登録した住所と一致する、住所が確認できる公的な書類（電気、ガス、水道などの請求書）※eBayアカウントに登録した住所と一致している必要があります

ここでお伝えしておきたいことが2点あります。まず、本人確認書類に関しては、**パスポートの提出がおすすめだ**という事です。理由は、チェックするのがアメリカ人スタッフなので、漢字表記の運転免許証よりもパスポートの方が手続き上スムーズだからです。次にeBayでは、**クレジットカードの登録が必須**だという事です。クレジットカードを持っておらず、デビットカードで申請する人もいますが、登録できない場合があります。さらに、同じデビットカードでも、通る人も通らない人もいたりするので、できればクレジットカードを準備した方が無難です。

eBayアカウントの登録方法

　では、eBayアカウントの登録方法をご紹介します。

アカウント登録の手順

① eBay.com（https://www.ebay.com/）をクリックします。

②言語を英語に変えて、画面左上にある Sign in をクリックします。

③「Hello」の下の「create an account」をクリックします。

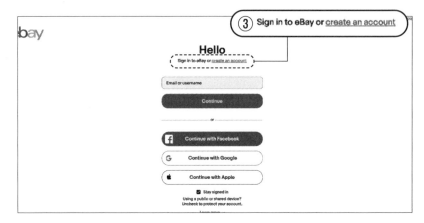

④『Personal』（個人）か『Business』（法人）を選択します。

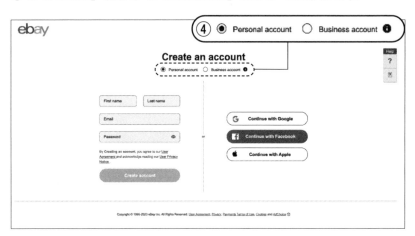

ここでは、『Personal』（個人）を選択した場合で説明します。

名前、メールアドレス、パスワードを入力して登録します。

この際、利用したメールアドレスとパスワードは必ず保管しておき
ましょう。

⑤左上にご自身のアカウント名が表示されていたら登録完了です。

2-2 ペイオニア口座の新規開設方法

　次に、eBayの決済代行会社であるペイオニア口座を開設する方法を説明します。

　まず、写真付きの本人確認証明書として、パスポート、運転免許証、在留カード（写真付）、特別永住者証明書（写真付）のいずれかを準備します。そして、商品売上金の振込用銀行口座を準備します。

　証明書は、できる限りパスポートがお勧めです。運転免許証でも構いませんが、確認手続きをするのがアメリカ側なので、パスポートを利用した方が、よりスムーズです。

ペイオニアのリンク
https://www.payoneer.com/ja/how-to-register-sole/

①『新規アカウント開設』をクリックします。

② 『海外マーケットプレイス販売』を選択します。

③ 「現在取引なし」を選択します。

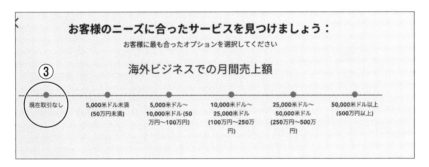

④ 「アカウント開設」をクリックします。

⑤名前、苗字、メールアドレス、
生年月日を入力します。

⑥住所と電話番号を入力します。

住所はアルファベットで入力します。住
所のアルファベット表記がわからない
場合は、Google 検索に、「住所　英
語変換」と入力すれば、日本語の住
所を英語に変換してくれるサイトが見
つかりますので、活用して調べると良
いと思います。
次に、電話番号は最初の番号の0を
省いて入力します。

⑦電話番号を入力したら、
「コードを送信する」をク
リックします。

⑧ SMS にコードが届きます
ので、届いたコードを入力
します。

⑨次に、セキュリティ情報を入力します。

⑩振込口座情報を入力します。

⑪セキュリティ情報の確認で、質問設定を行うと、SMS にコードが届きます。以下のページが出てきたら完了です。

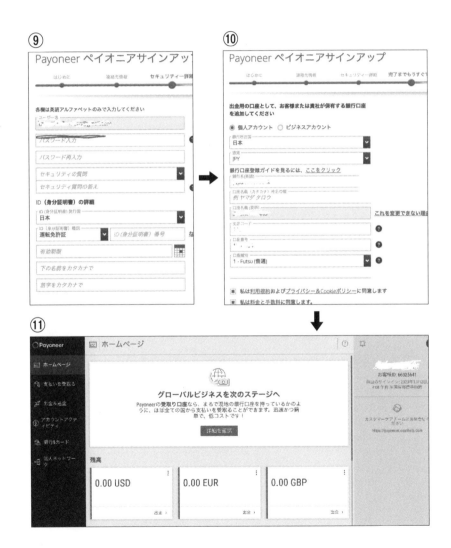

2-3 仮出品からペイオニアの同期を行う

eBayアカウントとペイオニアを紐付けるため、仮出品を行います。

　準備するものは、家にあるペンでもノートでも、低価格なものなら何でもいいので、仮出品用の商品写真、ペイオニアアカウントのユーザー名とパスワード、クレジットカードです。

①まず、eBayアカウントにログインします、右上のアカウントから「Selling」を選択します。

②英語で住所を入力します。住所の英語変換の方法は、先述の通りです。

③住所登録と電話番号を入力し、「Continue」を押します。

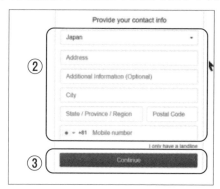

④そして、「Ok, got it!」をクリックします

⑤「List an item」をクリック

⑥検索窓に商品の名前を入力して該当のリストを選択します。
（今回は、ハローキティのメッシュケースを出品する場合で説明します）

⑦「Get started」をクリックします。

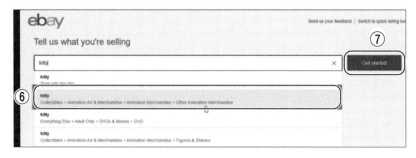

⑧出品のタイトルを入力します。

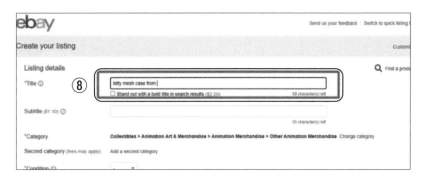

⑨コンディションを選択します。新品なら、「New」中古なら「Used」
を入力します。

⑩画像は、最低2枚準備し、「Add photos」へ挿入します。

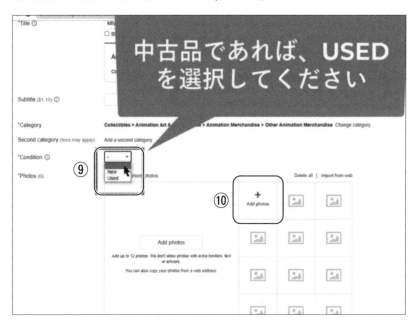

⑪「Item specifics」は、「Hello Kitty」とだけ入力します。

⑫後は下までスクロールし、「item description」へタイトルを入力します。

本来なら、もう少し詳しく書く必要があるのですが、今回は仮出品なので、タイトルを直接入力します。

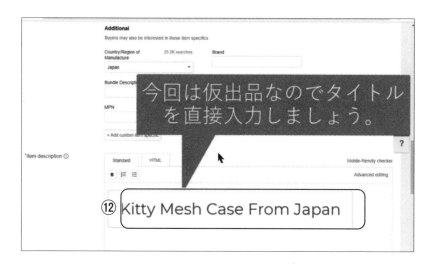

次は「Setting detail」です。「Format」と「price」を入力します。

⑬「Format」は「Fixed price」を選択します。

⑭「Price」に価格を入れます。仮出品なので、0.99 と入力します。

⑮次に、「Payment options」にはチェックをつけます。

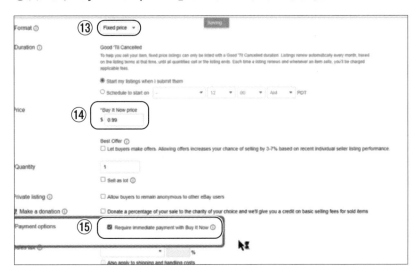

「Domestic Shopping」の欄を入力します。アメリカ国内向けの配送方法についてです。

⑯「Services」は、「Expected shopping from outside US」を選択します。

⑰そして、「freeshipping」をチェックします。

⑱ Handling time は、「5days」を選択します。

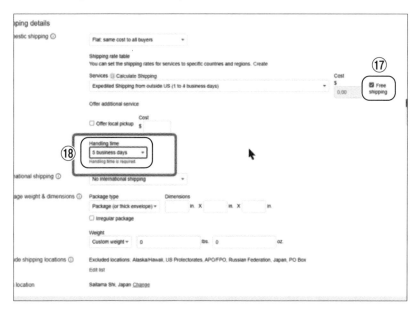

⑲ここまで入力できたら、一番下までスクロールし、左下の「List item」をクリックします。

新しく下の画面に切り替わります。これが、ペイオニアアカウント
の新規登録のページです。

⑳これを表示させるために、仮出品をしました。では、「Get started」
をクリックし、次に進みます。

次に、電話番号の認証を行います。

㉑「Text me」をクリックすると、登録した電話番号にコード付のショートメッセージが届きます。

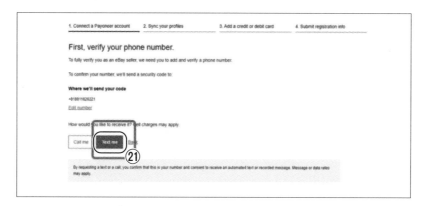

㉒送られてきた番号を入力します。入力したら、「Continue」をクリックします。

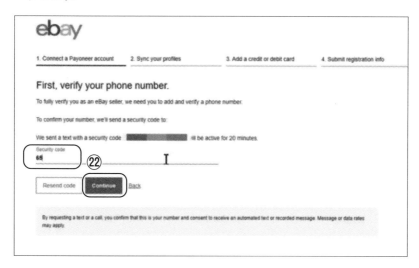

すると、Individual（個人）アカウントですか？という質問が出ます。

㉓「Yes」をクリックして、「Continue」で次の画面に進みます。

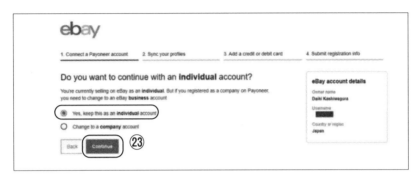

すると、次の画面に切り替わります。

「ペイオニアのアカウントを持っていますか？」という質問です。

㉔「Yes」をクリックし、予め登録したペイオニアアカウントを入力していきます。

㉕ペイオニアアカウントへのサインイン画面が出てきますので、ユーザー
　名とパスワードを入力します。

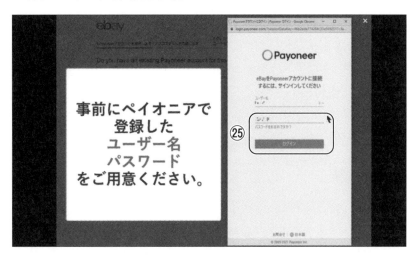

㉖以下のような画面に遷移しますので、ログインをクリックします

　次はeBayとペイオニアを同期させます。

㉗表示されている住所や電話番号を入力し、合っていれば、「Continue」
をクリックします。万が一、間違いがあれば、修正します。

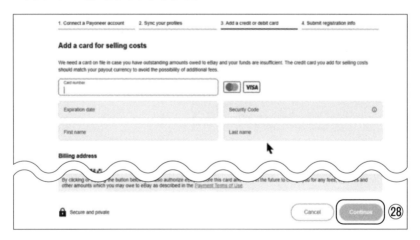

　次にクレジットカードの登録を行います。今後、何か支払いがある
際は、クレジットカードにて行いますので、必ずクレジットカードの
登録が必要です。

㉘クレジットカード情報を入力しましょう。すべて入力できたら、右下の
「Continue」をクリックします。

㉙次に、「Submit request」をクリックします。

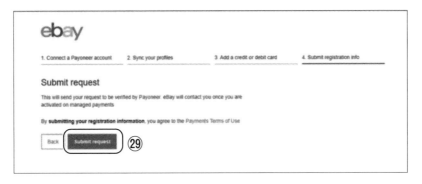

この画面が出れば、完了です。

㉚以上で、ペイオニアと eBay の紐付けが出来ました。「Go to Seller Hub」をクリックします。

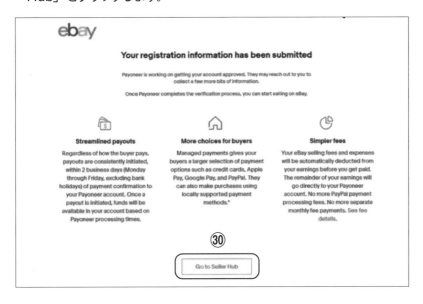

2-4 ストア登録の方法
（セラーハブへ切り替える）

ストア登録の方法を説明していきます。

以下、URLをクリックします。

https://www.ebay.com/sh/landing

① 「Start Using Seller Hub」をクリックし、サインインします。

② サインインできたら、以下のトップページの「Payment」をクリックします。

青く「$0.00」と表示されます。これで完了です。

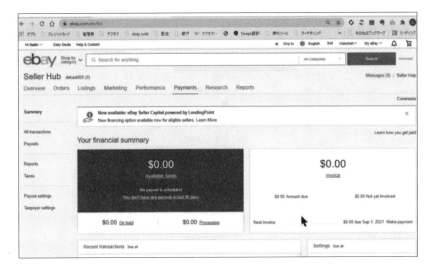

あとは、再度ペイオニアのアカウントを開き、追加書類の請求がなければ、出品できます。

次回、eBayアカウントを開くときは、以下のような項目が出てきますので、質問と答えを確認しておきましょう。

ストア登録は無料プランから

ストア登録に関しては、**初めは無料プランで始めることをお勧めします**。3個以上販売してから、ストアに登録しましょう。有料プランの方が、アカウントの保全にもなります。無料プランやスターターストアプランではなく、ベーシックストアプランがお勧めです。プレミアムストアプラン以上は規模が大きい小売店向けなので、ベーシックストアプランで十分です。

ベーシックストアプランを選ぶ理由は2つあります。**一つは、無料出品枠が1000品に増えること、もう一つは、落札手数料が安くなること**です。

ベーシックストアプランの場合、無料出品枠は1000品です。スターターストアプラン以下は250品までですが、これだととても少ないです。なぜなら、50品出品したとしても、一度商品を取り下げて、再度出品し直す可能性もあるからです。同じ1つの商品だったとしても、5回出品し直したら5品と計算されるので、すぐ250品になってしまいます。また、落札手数料が、無料プランとスタータープランに比べて1％も安くなります。アンティーク品は、高額になるので、この手数料の1％が大きな差になってくるのです。

	無料で始める	スターター ストアプラン	ベーシック ストアプラン	プレミアム ストアプラン	アンカー ストアプラン	エンタープライズ ストアプラン
月額ストア費用 （年払い）	0 USD/月	4.95〜 USD/月	21.95〜 USD/月	59.95〜 USD/月	299.95〜 USD/月	2,999.95〜 USD/月
無料出品枠 （Fixed Price）	250点	250点	1,000〜点	10,000〜点	25,000〜点	100,000〜点
出品手数料 （無料出品枠超）	0.35 $/1点	0.30 $/1点	0.25 $/1点	0.10 $/1点	0.05 $/1点	0.05 $/1点
落札手数料 （主なカテゴリ）	12.35%〜15% ＋$0.3/取引	11.50%〜14.55% ＋$0.3/取引				
海外決済手数料	0.4%〜1.35% 先々月の総売上金額によりディスカウントあり					

　ストア登録後は、プロフィール写真と背景画像に関しては、販売する商品に関するものを設定します。売れない人の例で多いのは、カメラを売っているのに、自分が好きなアニメのキャラクターなど、商品に全く関係のない写真を載せていることです。これでは、信用度が下がりますし、相手を混乱させてしまいかねません。必ず、**販売する商品と関連のある画像にするようにしましょう**。プロフィール写真はできれば、顔写真にしておくと信用度が上がるのでお勧めです。顔出しが難しい方は、ロゴを作ったり、販売するものと関連した写真を掲載したりするようにします。

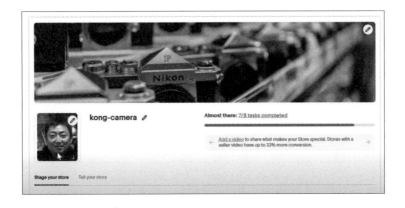

2-5 ebayJapan販売サポートに登録しよう

　ebayJapanの販売サポートに登録しましょう。登録することで4つのメリットがあります。1つ目はアカウントが保護されることです。つまり、eBayは特に初期は信用度が低く、アカウントが頻繁に止まりやすいのですが、**サポートを受けるとアカウントが止まりにくくなるのです**。

　2つ目は、何か問題があった時に問い合わせができることです。例えば『ログインができなくなってしまった』『バイヤーからの問合せに困ったことが起きてしまった』など、**困ったときに、アドバイスをもらえます**。しかも日本語で対応してくれるので、とても心強い存在です。

　3つ目は、出品数と売上金額のリミットが上がる可能性があることです。eBayの初期段階では、出品可能な数が3品で売上250ドルまでというリミットがあるのですが、サポートを受けることによって、**そのリミットが上がり、出品できる数や販売できる金額が増えることがあります**。

　メリットの最後は、**セラーのポータルサイトを見ることによって、さまざまな情報を得ることができます**。例えば、販売されている商品ごとの検索キーワードなどのデータやセラー向けのセミナーやキャンペーンです。販売する上で、重要な情報が得られます。登録は無料ですので、必ず登録しておくようにしましょう。

登録は、以下のリンクから入ります。

https://www.ebay.co.jp/start/business-
support?utm_source=google&utm_
medium=cpc&utm_campaign=wacul_ad
&gclid=CjwKCAjw95yJBhAgEiwAmRrut
GMRev7IjwLjkJK6h0gZWrcrxrjp6d7eKiW
BxvKdwz4ls94OyHIEYBoCiucQAvD_
BwE

　ログインして進めると、以下の入力事項がありますので、次のよう
に入力しましょう。

申し込み：個人
在庫あり：ある
売りたい商材
在庫数 1
平均単価 10,000 円
新品

　入力は必須項目だけで構いません。

2-6 「国際配送」のための アカウント開設

　海外向けに発送をするためには、クーリエのアカウント開設が必須です。海外配送は、日本のように窓口に荷物を持って行けばできるものではありません。開設すべきアカウントは3つです。**日本郵便、DHL、Fedex** の3つです。日本郵便だけでは、配送していない地域がありますし、海外の民間宅配業者を利用しましょう。DHLはeBayと契約を結んでいます。今後eBayでやっていくことを伝えれば、配送料がお得になります。Fedexは全体的に配送料が高めですが、配送地域などが異なる場合があるので、この3社のアカウントは開設しておきましょう。アカウントの開設は、それぞれのホームページから日本語で手続き可能です。

　なおDHLのみ、個人の場合は開業届を提出済であることが前提のためご注意ください。

2-7 古物商の資格をとっておこう

　これからeBayビジネスとして多額の利益を得ようとするなら、資格や届けの提出もしておきましょう。具体的には**開業届と確定申告の提出、そして古物商の資格も取りましょう**。

　年間20万円を超える利益が出る場合は、開業届けを出したうえで、確定申告もする必要があります。確定申告をしておかないと脱税扱いになってしまいます。また中古品を扱う事業として始める場合は、古物商の資格がないと古物営業法違反になるので注意して下さい。

　古物商許可は、各地域の警察署で申請できます。必要書類は主に住民票、本人確認書類などですが、地域ごとに異なりますので、ご自身で確認しましょう。

2-8 低単価高回転商品から売り始めよう

　ここまでeBayビジネスを始めるための準備を説明してきました。これで、商品販売の準備が整いました。どのジャンルで販売を始めるにせよ、**まずは低単価で売れる商品から販売します**。なぜなら、まだセラーとしての信頼が無いので、高単価商品を出品しても売れないからです。

　どんなに良い商品を並べたとしても、海外のお客さんにとっては、「ちゃんと届けてくれる人だろうか」「言葉が違うのに、トラブルがあっても対応してもらえるだろうか」という心配が拭えません。さらに、高額商品であれば、「偽物をつかまされないだろうか」「壊れないように丁寧に梱包されるだろうか」「何かトラブルがあった際に、誠意を持って対応してくれるだろうか」など、不安や心配は尽きないのです。以上の理由から、**初めは低単価の商品から販売していくのが王道**です。

最初は低単価商品で実績を作る

　販売商品の決め方については4章以降で詳しく説明しますが、まずは、低単価のものから販売をスタートします。例えば、フィルムカメラの場合5,000 〜 10,000ドル以上の商品はザラにありますが、**初めは50 〜 300ドル程度の商品から出品するといいでしょう**。低単価商品を売りながら、「きちんと問い合わせに対応してくれた」「商品が丁寧に梱包してある」など、小さな実績を積み上げます。そういった

ことから徐々にセラーとの信頼関係が生まれ、アカウントの評価も上がっていきます。

　この際に商品単価が安くて、かつ人気のある商品を販売します。数が売れたら資金も回るので、また仕入れをすることができるからです。それでも、初めは商品1つ売るのに1～2ヶ月かかります。バイヤーが求めているのは、生活必需品ではなく趣味嗜好品なので、頻繁にeBayのサイトをチェックするわけではないからです。ただでさえ時間がかかるので、売れる商品を選ばなければ、実績を積むのに時間がかかってしまいます。そのため、売れやすい人気商品を選び、なるべく早い段階で100個販売することを目標にしましょう。

　さらに、早い段階で多くの商品を売ることのメリットは、**どの商品が売れて、どの商品が売れないかがわかること**です。販売する商品を決める基準としては、需給バランスが良いものを選びます。需要がないものを売ってしまうと、回転率が悪くなってしまうからです。

　eBay輸出ビジネスの初期段階では、**セラーとしての評価を上げてアカウントを強化することを意識しましょう**。まずは、低単価商品を数多く販売しながら、売れる喜びを感じてください。

さえないリサイクルショップの経営から
1日30分の作業で月収40万円

　私がこのビジネスを知ったのは、仲間と関東でリサイクルショップを立ち上げた時でした。当初は軽い考えで説明会に参加しましたが、すぐにeBay輸出ビジネスの3つのメリットに惹かれました。

　1つ目は消費税の還付です。輸出ビジネスでは、経費や仕入れの消費税が返ってくるという制度があります。私はその制度自体を知らなかったため、とても驚きました。

　2つ目は、初期投資額が非常に低いことです。必要な資金は毎月数千円のeBayのストア代金と仕入額のみです。eBayビジネスを始めるにあたり、新たに事務所や場所を借りる必要がありません。大きな初期投資がかかるものと考えていた私にとって衝撃でした。

　3つ目は、世界を相手にすることです。海外に向けてのビジネスをするという事は、マーケットの広さに無限の可能性があります。しかも海外の多くの方は、日本に対して悪いイメージがあまり無いというのも利点に感じました。

　このビジネスを始めて5年、私はリサイクルショップを辞めて権利をすべて友人に譲りました。今では地元の関西に帰り、eBayビジネス1本の生活です。1日の作業時間は30分で、約40万円の平均月収を稼いでいます。毎日30分の作業を終わらせたら、その後は好きな事をして過ごしています。自分のスタイルに合わせて仕事をし、人生を謳歌できていると感じます。

　eBay輸出ビジネスは真摯に取り組めばやればやるだけ結果が出ます。初めは稼げない期間もありましたが、自分のスキルが上がると、効率よく仕事をすることが出来るようになりました。今、自由な時間が手に入り、人生を楽しめているのはeBayビジネスのおかげです。

M.Y さん（43歳・男性）

第3章

商品リサーチが9割!
売れる商品と売れない商品の
見分け方

3-1 商品リサーチが ビジネスの成否を決める

　本章では、商品リサーチの方法をお伝えします。商品リサーチが eBay輸出ビジネスの成功の9割を占めると言っても過言ではありません。

　まず、物販を始めた人が最初にする質問は「何を売ったらいいですか？」です。商品選びで一番大切なことは、**ターゲットを絞り込むこと**です。そして、ターゲットが欲しいものから逆算して商品を決定します。ただ単に、「売れる商品なら何でもOK」と考えて、人気商品だけを販売すると失敗します。なぜなら売れる商品を販売しても、利益が出ないこともあるからです。私がそう考える理由は、下記の2つです。

初心者が売れる商品を見つけ続けるのは困難

　1つ目の理由は、**初心者にとって売れる商品を見つける事はとても難しいから**です。しかも、リソースに限りのある一個人が見つけるのは至難の技でしょう。

　個人が売れる商品を見つける難しさを教えてくれる事例があります。「せどり」と呼ばれる転売ビジネスです。これは、同じ商品をAサイトで安く仕入れて、Bサイトで利益を乗せて販売する手法です。しかし、実際にはそう上手くいきません。私のスクールの生徒には、過去にせどりで失敗し、在庫を抱えた方が沢山います。

まず、せどりでは各サイトのランキングから売れ筋商品を見つけます。その中から、サイト間で価格差のある商品を選んで販売します。

　確かに、最初はライバルが少ないので、ある程度は売れるでしょう。しかし、少し時間が経つと、ライバルたちが同じ商品を販売し始めます。早ければ1週間も経たないうちに、ライバルの人数が5〜10倍に増えます。すると、市場に出回る商品の数自体が増え、供給過多になります。最終的には、価格競争に巻き込まれ、値下げを余儀なくされるのです。

　そして、売れ残った大量の在庫が自宅を埋め、足の踏み場がなくなります。そうなると、家族から「いい加減、早く売って！」とクレームを言われます。その結果、「儲けるため」ではなく、「在庫整理のため」にさらに安く売ることに。新たに売れる商品をリサーチしても、在庫の資金回収ができていないため、仕入れの元手がありません。せどりは、資金的にも空間的にも、すぐに行き詰まってしまいます。

　考えてみて下さい。サイトの売れ筋ランキングは、あくまでも過去の売上実績です。「その当時は売れた」という過去の記録に過ぎません。そのため、あなたがランキングを見て仕入れた時点では、「時すでに遅し」なのです。新品や流行り物は必ず短期間で廃れる運命にあります。せどりを続ける以上、あなたは絶え間なく商品リサーチをし続けることになります。これは、素人には至難の技でしょう。

同一商品を売り続けるのは大手企業にしかできない

2つ目の理由は、**個人ではひとつの商品を長期間売り続けるのは無理だから**です。代表的なロングセラー商品の日清食品のカップヌードルを例に挙げて説明しましょう。カップヌードルは、老若男女に人気の50年以上にもわたるヒット商品です。今や日本だけでなく、世界でも有名な商品です。しかし、この1つの商品を売り続けるために、絶えず何千人もの人が開発から販売に携わり、味やカップのデザインを微妙に変え、テレビCMや広告を行なっています。ロングセラー商品にするために、大きな人材投資、資金投資をしているのです。同じことを個人でやろうとしても、まず出来ることではありません。1つの商品を長期間売り続けるには、相当な企業努力が必要です。

さらに、ビジネスには、2：8の法則というものがあります。2割の客が全体の売上の8割を占めるというものです。私はeBay輸出ビジネスにおいては、この2割の人たちをターゲットにした商品リサーチを勧めています。多くの人は、パイの大きい8割の人をターゲットにしがちです。しかし莫大な資金が必要になるため、個人でやるビジネスにはあまりおすすめできません。

eBay輸出ビジネスの成功の鍵は、ニッチな客に商品を売ることです。**8割の老若男女に売れる商品をリサーチするのではなく、2割のニッチな層に売れる商品をリサーチすること**が大切なのです。

3-2 売れるか売れないかは 需給バランスが全て

　商品リサーチの重要性をお伝えしましたが、次は商品の選び方を説明しましょう。物販で売る商品は、大きく3種類に分けることができます。3種類の商品とは、「不要品」「人気があって儲からない商品」「人気があって儲かる商品」です。当然、商売で儲け続けたいなら、**「人気があって儲かる商品」を売る必要があります**。ただ、人気商品だと仕入れ金額も高くなりがちなので、注意が必要です。

　では、どうやって「人気があって儲かる商品」を見つけるのでしょうか？　それは、儲かる商品を見つける上で欠かせない指標である需給バランスを調べることです。需給バランスとは、ひとことで言うと、需要と供給のバランスのことです。物販の場合でも、買いたい人と売りたい人の数のバランスで、価格が決定します。**この需給バランスが把握できれば、適正な仕入れ価格や販売価格が明確になります。**

　いくら人気のある商品を売っても、当然ながら高く仕入れたら儲かりません。逆に、たまたま安く仕入れる事が出来ても、大幅に安く売ることも避けるべきです。需給バランスに合わせて適正価格で売るのが鉄則であり、売れる秘訣です。

需給バランスの調べ方

では、実際にeBayで需給バランスを調べる方法をお伝えします。

まず、eBayのトップページで「お届け先」の対象国をアメリカに設定します。そして、検索窓に商品の型番を入力すると、出品数が表示されます。この出品数がわかるところもeBayのメリットです。

具体的なリサーチ方法を「sekonic I-558」という露出メーターを例に出して説明しましょう。

出品件数

さらに、Sold（販売済みの商品）にチェックをすると、直近90日間の販売個数がわかります。

販売件数

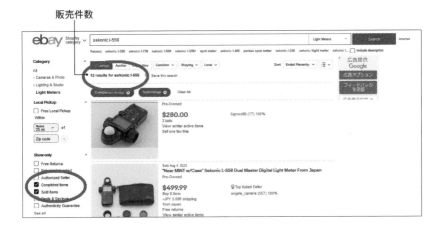

　この場合、4件の出品数に対して、12件落札されています。90日間で12個売れるので、1ヶ月で4個売れるペースです。4件の出品数なら、1ヶ月で売り切れるペースで、なかなか回転率が良いと判断できます。需給バランスの目安は、**出品数に対して90日の販売数の方が多い商品を選ぶといいでしょう**。最低でも出品数：販売数（90日）＝1：1である必要があります。

　ちなみに、この出品数や落札データは刻一刻と変わっています。今日見ている数字は、明日には変わっています。そのため、本に載せているデータを参考にそのまま売買しないようにしましょう。あくまでも、需給バランスの考え方を理解してもらうために、具体例を載せていると認識してもらえたらと思います。

　価格が高すぎると全く売れなかったり、逆に安売りしすぎると利益が取れないこともあります。そのため、**リサーチで的確に商品価値を知っておくことが必要です**。逆にいえば需給バランスをリサーチしていれば、しっかりと儲けを出すことができるでしょう。

eBay輸出ビジネスでは、どのターゲットに何を売るかを決めることが大切です。そして、需給バランスを調べて、適正価格をリサーチしていきます。このように逆算で考えていけば、「人気があって儲かるもの」を見つけることが出来るでしょう。

3-3 売れる商品選びの4つのポイント

　売れる商品を選ぶ際、鉄則中の鉄則があります。それは、「小さくて高単価であること」「需給バランスが良いこと」「儲かること」「飽和しない豊富な在庫量があること」の4つです。全ての条件を満たす商品を選ぶことが、売れ続ける秘訣です。

　この4つのポイントをひとつずつ説明していきましょう。

▌小さくて高単価であること

　まず、小さくて高単価の商品を選ぶことは輸出物販においては必須事項です。なぜなら、国際貨物で荷物を送るので大きいと送料がどうしても高くなるからです。私たちは送料をバイヤーに負担してもらっていますので、送料が高すぎると売れにくくなります。例えば、お菓子のキットカットを箱で売る場合、大きい箱でだいたい30ドル（約3500円）の送料がかかります。商品自体は20 ～ 30ドルで売れたりしますが、わざわざそれに3500円の送料を払うバイヤーはいないでしょう。

　さらにお菓子はそもそも利益が薄く、せいぜい1個あたり数百円の利益です。それに対して、時計の場合を考えてみましょう。ロレックスの腕時計なら、60サイズ以下で収まり、重量は300 ～ 500gなので、送料自体は 30 ～ 40ドル程度です。商品価格は100万円で、しかも利益率

が 10％だとしても、10万円の利益が出ます。このように、小さくて高単価の商品を販売すれば、しっかりと利益を得ることができます。

需給バランスがいいこと

　次に、需給バランスが良い商品を販売することも大切です。需要よりも供給が多くなり過ぎると、人気が無くなり売れるのに多くの時間がかかります。逆に供給よりも需要が多くなると、販売スピードが早くなり、同じ商品をリピート販売できるため、利益を積み増すことが出来ます。1つの指標として私のコミュニティでは、平均して月400万円の売上で利益が100万円出ている場合、月に 50個ほど販売しているというデータが出ています。このように需要のある商品がおすすめです。実際には高単価で販売する場合と、回転率を上げて資金を増やす場合とでは、回転率には開きがあります。売れているセラーに注目すると、一つの商品を繰り返し販売しています。需要と供給のバランスがよく、儲かるから繰り返し販売しているのです。このようなセラーがどのような商品を売っているかに注目すると参考になるでしょう。

儲かりやすい商品であること

　3つ目のポイントは、当たり前ですが儲かる商品を販売することです。儲かる商品とは利益率が高い商品のことです。利益率は30％程度を目安にするといいでしょう。例えばある商品が2万8000円で売

られていると仮定します。手数料は12%程度、仕入れ値を1万5000円とした場合、9500円が利益です。この場合は約33%の利益がでているので、儲かりやすい商品といえるでしょう。

飽和しない豊富な在庫量がある

　最後のポイントは、在庫量が豊富にある商品を選ぶことです。「いつかフィルムカメラも市場から無くなってしまうのではないか…」と気にされる方がいますが、心配いりません。フィルムカメラの場合、分解して必要な部品だけを取って使うこともできますし、レンズだけでも何万種類もあるからです。例えば、キャノンのA-1というカメラは、ヤフオク！で332件が出品されています。直近180日の落札数は2,394件で、1ヶ月に400件、1日に10件以上が落札されている計算になります。このA-1はかなり在庫が豊富にある商品だと言えます。このような商品なら継続的に売り続けることが出来るのです。

　以上の4つのポイントを少しでもいいので全て満たしているものを選ぶことが、物販で儲ける上で大切です。4つのうちどれかが欠けていると、上手くいきません。例えば、「利益率は高いけれども、なかなか売れず、資金の回転が悪い」「よく売れるけど、利益率が5%しかない」「人気もあり、儲けはあるけれども、なかなか在庫が見当たらない。2ヶ月に1個見つけられたら良い方だ」という場合、事業として持続可能ではありません。必ず4つのポイントを踏まえたうえで商品を選ぶようにしましょう。

3-4 儲かる中古廃番品は 4つの特徴を持つ

さらに儲かる中古廃番品の種類は多岐に渡りますが、その中でもeBayで売れる商品は下記の4つの特徴があります。

1、世界的認知度が高い日本独占市場の商品
2、日本でしか手に入らない商品
3、程度が良い商品
4、付属品が完備している商品

儲かる商品は、**上記4つの特徴のなかでなるべく多くの条件を満たす商品です**。

バイヤーの購買心理を考える

儲かる商品の特徴は、バイヤーの心理をよく考えるとわかってきます。彼らがeBayで商品を買うときの送料は、少なくとも5,000円～10,000円です。商品や地域によってはそれ以上かかることもあります。例えば、バイヤーがヨーロッパに住んでいる場合、関税は購入代金の30～40%かかることもあります。バイヤーにとっては、何か問題があった時に言葉がちゃんと通じないリスクもあります。それでも日本人セラーから購入する理由は、**欲しい商品が自国に売っていないから**です。

世界的認知度が高い日本独占市場の商品とは、具体的に言うと、カセットWALK MANやポケモンカードです。SONYのカセット

WALKMANは、かつて世界中に名をとどろかせました。惜しまれながら廃番になりましたが、世界にはいまだに欲しがっている人がいます。SONYのお膝元の日本でもヒットしたため、物の数が日本には多く眠っており、入手しやすいのです。それに対して、廃番品だからといって、iPhone5を販売しても売れません。なぜならiPhoneは世界中で認知されていますが、iPhoneを売るApple社はアメリカの企業です。アメリカで買える商品をわざわざ日本人から買う理由がないからです。

　似たようで違うのが、日本でしか手に入らない商品です。日本でしか手に入らない商品とは、具体的にはスターバックスの日本限定マグカップ、ウイスキーの「響」や「山崎」の限定品の空き瓶などです。「ウイスキーの空き瓶なんて売れるの？」と思うかもしれませんが、海外のコレクターや投資家にはとても人気があります。

　付属品が完備している商品とは、箱や保証書、説明書が付いている商品です。コレクターには、「何かあったら困るから」と箱や説明書、すでに期限の切れた保証書を大事にしている人が沢山います。使うことのないお客様アンケートのハガキや、お客様向けのお知らせなども、コレクターにとってはたまらない貴重な付属品なのです。

　儲かる中古廃番品は、**少なくとも日本でしか手に入らない商品**です。その上で、**世界的認知があり、程度が良く付属品が完備している商品を選んでいくことが重要**になります。

　さらに、日本人は物を大事にする国民性があります。この国民性は海外では高く評価されています。他国で使われた商品よりも、日本で使われた商品は程度がよいと考えられているのです。

3-5 eBayカテゴリーから お宝を探すコツ

　eBay輸出ビジネスで売れる商品を見つけるためには、下記の3つのプロセスで絞り込んでいくと見つけることができます。

1　人気検索で人気商品を探す
2　検索ボリュームが少なく販売総額が大きいものを選ぶ
3　日本のセラーがいることを確認する

　まず、eBayのセラーポータルというセラー限定のサイトを活用します。セラーポータルから、「人気検索を見る」をクリックし、どのような商品が検索されているのかを見ます。そうすると、たくさんの商品ジャンルが出てきます。バッグ・アクセサリー、ジュエリー・時計、家電、車、カメラ、おもちゃ、ビデオゲームなどが表示されます。その中から、まずは物の大きさが「小さい商品」を選びます。小さい商品がいい理由は、**大きい商品だと高額の送料がかかってしまうから**です。

やはり、カメラ、時計、おもちゃあたりに落ち着くと思います。楽器、車、家電はサイズが大きいので、送料が高くなるので避けます。バッグ・アクセサリーは、海外ブランドが多く、世界的にも流通も多いうえ認知があり高く売れます。しかし、世界中のセラーが販売しており、わざわざ日本人から高い送料と関税を払って購入するメリットが少ないので、必然的に値段勝負になる事が多く旨味がありません。スポーツグッズも海外ブランドが多いので、候補から除外します。

　商品を絞り込めたら、「ダウンロード」をクリックします。すると、実際にその月に売れた商品のリストが出てきて、商品ごとにそのワードを示す検索ボリュームが一発でわかるようになっています。ただし、グラフで感覚的な大小は分かりますが、具体的な件数や金額までは載っていません。

Rank	Rank Last Month	Rank Diff	eBay.com上の検索キーワード（グローバル）	検索ボリューム	購入総額	カテゴリー名（カテゴリーID:78997）
1	1	Stay	leica			Cameras&Photo > Lenses & Filters
2	2	Stay	nikon			Cameras&Photo > Lenses & Filters
3	4	1	hasselblad			Cameras&Photo > Lenses & Filters
4	3	-1	canon ef lens			Cameras&Photo > Lenses & Filters
5	5	Stay	canon lens			Cameras&Photo > Lenses & Filters
6	9	3	angenieux			Cameras&Photo > Lenses & Filters
7	8	1	nikon lens			Cameras&Photo > Lenses & Filters
8	6	-2	helios 44 2			Cameras&Photo > Lenses & Filters
9	7	-2	lens			Cameras&Photo > Lenses & Filters
10	11	1	sigma 18 35 mm f 1.8 canon			Cameras&Photo > Lenses & Filters
11	10	-1	sony e mount lens			Cameras&Photo > Lenses & Filters
12	18	6	canon			Cameras&Photo > Lenses & Filters
13	20	7	sony lens			Cameras&Photo > Lenses & Filters
14	16	2	voigtlander			Cameras&Photo > Lenses & Filters
15	13	-2	canon 24 70 2.8			Cameras&Photo > Lenses & Filters
16	12	-4	nikon z			Cameras&Photo > Lenses & Filters
17	17	Stay	canon fd			Cameras&Photo > Lenses & Filters
18	15	-3	sigma 24 70 2.8 sony			Cameras&Photo > Lenses & Filters
19	26	7	nikon 24 70 mm 2.8			Cameras&Photo > Lenses & Filters
20	14	-6	canon rf lens			Cameras&Photo > Lenses & Filters
21	22	1	canon rf lens			Cameras&Photo > Lenses & Filters
22	19	-3	pentax			Cameras&Photo > Lenses & Filters
23	31	8	canon fd lens			Cameras&Photo > Lenses & Filters
24	32	8	leitz			Cameras&Photo > Lenses & Filters
25	28	3	canon 70 200 2.8 is ii			Cameras&Photo > Lenses & Filters
26	35	9	nikon z lens			Cameras&Photo > Lenses & Filters
27	29	2	rolleiflex			Cameras&Photo > Lenses & Filters
28	25	-3	zeiss			Cameras&Photo > Lenses & Filters
29	33	4	tamron 28 75 sony			Cameras&Photo > Lenses & Filters
30	23	-7	contax			Cameras&Photo > Lenses & Filters
31	43	12	cine lens			Cameras&Photo > Lenses & Filters
32	41	9	large format lens			Cameras&Photo > Lenses & Filters
33	34	1	sigma 150 600 mm canon			Cameras&Photo > Lenses & Filters
34	21	-13	sony 70 200 2.8 gm			Cameras&Photo > Lenses & Filters
35		3	camera lens			Cameras&Photo > Lenses & Filters
36	55	19	canon lenses			Cameras&Photo > Lenses & Filters
37	36	-1	m 42 lens			Cameras&Photo > Lenses & Filters
38	24	-14	sigma 16 mm 1.4 sony			Cameras&Photo > Lenses & Filters
39	53	14	leica m			Cameras&Photo > Lenses & Filters
40	27	-13	canon ef			Cameras&Photo > Lenses & Filters
41			anamorphic lens			Cameras&Photo > Lenses & Filters

　その中から、検索ボリュームと比較して販売総額が大きいものを探します。検索ボリュームが少なく、販売総額が大きいということは、検索されたら比較的早く購入されている商品です。

そして、需給バランスをリサーチし、さらに商品を絞り込めば、すぐに売れる商品を見つけることができます。需給バランスを見る際に注意してほしいのは、**日本のセラーが多いかどうかです**。日本のセラーが少ない場合、そもそも日本のセラーが売るメリットがない可能性もあります。ある程度、日本のセラーがいることを確認しましょう。

　このように、セラーポータルを上手く活用することで、お宝商品を探すことができます。この３つのプロセスを意識しながら、売れる商品を見つけましょう。

3-6 ライバルセラーの売れ筋商品を参考にする

　商品を絞る際は、ライバルセラーの売れ筋商品を参考にします。ライバルの売れ筋商品を知ることで、あなたが売ろうとしている商品の需要がわかるからです。

　ライバルセラーとは、同じカテゴリーで沢山販売しているジャパンセラーです。程度の良いアンティークコレクト品は日本に多くの在庫があります。さらに、世界中のバイヤーは物を大事にする日本人から購入したいと思っています。そのため、ジャパンセラーは海外のセラーよりも信用があり高く販売できる傾向があるので、ライバルセラーは必然的にジャパンセラーになります。

　ここではライバルセラーを探す具体的な手順を説明します。

ライバルセラーの探し方

　まず、eBay の検索窓に「camera from japan」と入力し、Searchでカメラを売っている日本人セラーを調べます。

そうすると、たくさんの日本人セラーの商品ページが表示されます。

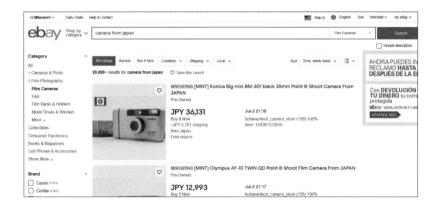

　次に、その中から人気商品の「Contax」にチェックを入れて、セ
ラーを絞り込みます。

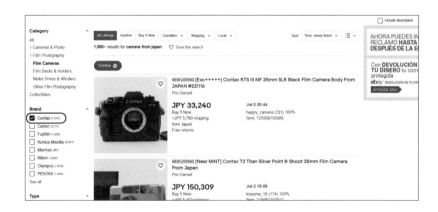

　ライバルセラーを見つける際は、評価数を参考にします。例えば、初
心者の方なら、100 〜 400未満の評価がついていて、出品数よりも直
近の販売数が多いセラーを探します。400以上の評価数がついているセ
ラーはベテランですので、初期の段階ではあまり参考にはなりません。

ちなみに、第三者がセラーの販売履歴を見ることができるのは、eBayの大きなメリットです。**他のプラットフォームでは、販売履歴を見ることはできません。**この販売履歴を活用しない手はないでしょう。

　この160個の評価がついているセラーに注目して見てみましょう。

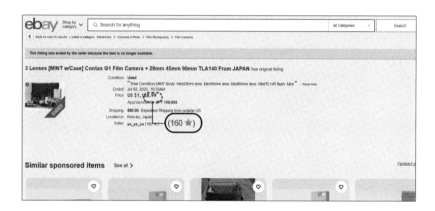

　出品数が169件であることがわかります。

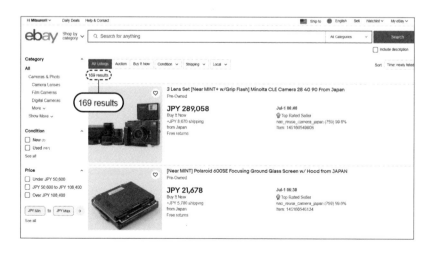

そして、販売数が170件であることがわかります。出品数169件に対して販売数170であるので、約1：1であり、販売力の高いセラーだと判断できます。

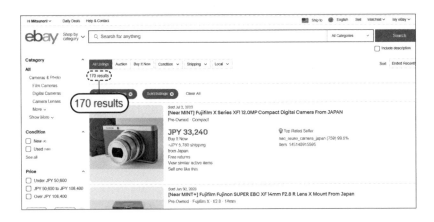

さらに、「Price + Shipping highest first」にチェックを入れて、販売している商品を高値順に表示させます。

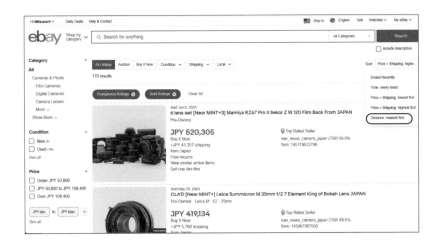

すでに販売した商品を見ていくと、同じ商品がいくつも売られてい

ることに気づくと思います。これは、鉄板商品でリピート商品です。このような鉄板商品が見つかれば、参考にできると思います。その後は、仕入れ額と利益を計算して販売するかどうかを判断するといいでしょう。

　以上のように、ライバルセラーの売れ筋商品を見つけながら、自分のショップで売れる鉄板商品を増やしていくことが大切です。

ネット仕入れは
ヤフオクがおすすめ

3-7

商品を仕入れる方法は複数ありますが、その中でも私はネットで仕入れるならヤフオク！をおすすめしています。ヤフオク！をすすめる理由は下記の3つです。

理由1

ヤフオクは品数が多い

1つ目の理由は、何と言っても**品数が多いこと**です。大型店舗、専門店、リサイクルショップ、個人のカメラ屋で仕入れる人もいますが、ヤフオク！と比較すると、品数や種類が少ないというデメリットがあります。

例えば、カメラの場合、個人で不用品を売る人や、リサイクルショップや専門店もヤフオク！に出品しており、品数も豊富で流通が多いのです。専門店だと、複数のサイトを見なければならず二度手間です。多くのリサイクル業者は、自身の実店舗だけでなく、複数のネットショップに出店しています。そのため、ヤフオク！を見れば、わざわざ他のサイトを見る手間を省けます。また、オークション形式で3日〜1週間で売り捌くセラーも多く、常に新しい商品が入ってくる点も魅力的です。

オークション形式は安く買える

2つ目の理由は**安く買える可能性が高いという事**です。リサイクルショップやカメラ店の直販サイト、その他大手ショッピングモールサイトでは、オークション形式はほぼありません。販売価格は固定ですので、それなりに高く販売する場合が多いです。しかし、ヤフオクの場合は1円や10円など低価格から出品開始するセラーも多く、全ての商品が高騰する事はありません。そのため、上手に仕入れればライバルが少ない商品を見つけて安く仕入れる事が可能です。

思わぬ掘り出し物がある

3つ目の理由は、ヤフオク！には**お宝が眠っていること**です。引っ越しや不用品整理で出た物を、本来の価値がわからずに安価で出品する方も多くいます。また、大手リサイクルショップも出品しており、資金を回す必要があるため、大量の商品を買い取りして、検品せずにまとめて出品するケースがあります。一気に格安で売り捌いてしまい、資金回収に充てます。そのため、格安の掘り出し物があったりするのです。

以上の理由で、仕入れは基本的にヤフオク！で完結できます。もちろん、必要に応じて他の店舗で仕入れても良いですが、実際にやってみたらヤフオク！で事が足りると感じるでしょう。

3-8 王道商品は "日本のお家芸"のカメラ

　eBayにどの商品を出品すれば良いのか、これまでの内容を踏まえて結論を出したいと思います。

　まず、前提としてMade in Japan、Used in Japanの商品は人気があります。だからと言って、日本製ならどんな商品でもいいわけではありません。eBayは本当の意味で世界中の人が唯一取引できるサイトです。そのため、海外の人と同じ商品を売っても価格競争で厳しくなります。米国人のバイヤーにアメリカ国内のセラーと同じ商品を売っても、日本人セラーでは送料が高くかかるからです。

　では、日本に住む私達はeBayでどのような商品を売ればいいのでしょうか？それは儲かる中古廃盤品の条件でもあったように，**日本でしか手に入らない商品**です。

　例えば、ゴルフクラブなら日本メーカーの本間や三浦の日本モデルは人気があります。あと、アニメのような日本メーカーが強いジャンルも売れます。ポケモンは世界的に人気で海外でもグッズ販売されていますが、本家の日本モデルのポケモンカードをファンは欲しがります。時計なら、セイコーは人気があり、中でもグランドセイコーは人気ブランドです。

アンティークコレクト品のカメラが儲かる理由

　これまで私は、K -POPCDやグッズに始まり、様々なものを販売して
きました。失敗も数え切れませんが、その経験から**ベストの商品はアン
ティークコレクト品であるフィルムカメラ**だと考えています。なぜなら、
もうメーカーが生産中止しており、希少価値があるからです。海外にも日
本のフィルムカメラが好きなファンが多いため、高い価格でも継続的に売
れ続けます。

　そもそも、カメラの発展は戦争とともにあります。スパイ情報や航空
写真など、敵型の情報を詳しく知るにはカメラが最適だったからです。
戦前までは、ドイツのライカが強かったのですが、戦後になると、ライ
カを真似して発展したCannonやNikonがカメラ業界を席巻しました。
その後、市場を2社が独占してきました。**いまだに世界で流通しているフィ
ルムカメラの95%は日本にあります**。しかも、壊れても日本では修理
業社が多いため、一度海外に出ても日本に戻ってきます。また修理して
再販することが出来ます。それでも在庫がいつか無くなるのではないか、
と思う人もいるかもしれません。しかし心配ありません。一口にカメラと
言っても、レンズをはじめとした部品は世代ごとに何千種類、何万種類
もあるのです。そう簡単には、在庫が尽きることはありません。

　逆に、**同じカメラでも現行品（デジカメ）はあまり儲かりません**。な
ぜなら、日本以外の国でも手に入るからです。自国から届くので、速く
手元に届きますし、何か問題があったときは自国の言葉でコミュニケー
ションをすることが出来ます。わざわざ言葉も違う、距離も遠い日本の
セラーから購入する必要はないのです。現行品ではなく、廃盤品が販売
するのに適しているのはそのためです。

「でも、カメラの他にも世界的に有名で日本でしか手に入らないものはあるじゃないか」と思う方もいるでしょう。

　ご存じの方もいるかもしれませんが、物販の三大原則というものがあります。それは取り扱う商品は**「人気がある」「儲かる」「枯渇しない」ものを選ぶ**という原則です。売れるには人気があるものでなければいけません。しかし、商品が売れても仕入れ値が高く利益が出ない、つまり儲からなければ商売として成り立ちませんので、利益が出る事も大切なポイントです。そして、最後は枯渇しない商材である事です。いくら人気があって儲かる商材でも世の中に10個しかなければ継続販売は出来ません。長く継続するには在庫が十分担保されている枯渇しない商材である事が必須となります。この物販の三大原則のすべてに当てはまるのが、フィルムカメラなのです。

　下の表に、私が過去にeBayで販売経験のある商品ラインナップをご紹介します。

カメラ以外でも儲かるものはある?

商品	人気	儲かる	在庫	コメント
ゲームカセット	△	×	○	単価が安いので1個の単品売りが難しい。薄利多売になり手間がかかる。
カセットウォークマン	○	○	×	流通量が少ないので在庫が枯渇する。日本に現存するカセットウォークマン自体の在庫数も少ない。ヤフオク!の出品数がカメラの10分の1以下
ゴルフクラブ	○	△	○	アイアンセットが人気だが商品サイズが大きく、送料が高くつく事がある。
スニーカー	○	×	×	ヴィンテージ品が人気。エアジョーダンなどアメリカ製の商品が多い。
ポケモンカード	○	○	○	PSA（世界最大のカード鑑定会社）が鑑定したコンディションによって値段が変わる。コンディションの判断に属人性が強く、判断基準が統一されていない。また鑑定に時間がかかるため、仕入れから販売まで時間がかかるため、キャッシュフローが悪く、その間に相場が変動する事が多い。

着物	×	×	○	世界での高い着物の需要がない。日本では、西陣織をはじめとしたブランド価値は認知され高値で売買されるが、海外の人には理解されないのが実情。着付けできる人がいないので、需要がない。せいぜいハロウィンで着られる程度。着物生地を使ったバッグは需要が見込めるが、加工に時間とお金がかかる。
掛け軸	×	△	○	需要があまりない。1万点以上の出品数に対して、売れたのは400点あまり
日本刀	×	△	○	需要があまりない。5万点以上の出品数に対して売れたのは、3000点あまり。利益幅はあるが基本売れるまでの足は長め。
壺	×	×	○	仕入れ時に本物かどうかわからない。素人ではなかなか本物を見抜くことができず、仕入れ時の適正価格が判断しづらい
ファミコン	○	△	○	電源が異なるので海外で使えない事がある。
スピーカー・シンセサイザー	○	×	○	物のサイズが大きいため送料が高い。10〜20万に売れても送料が数万円するので、かなり高くつき、売れにくい。
高級ブランドのアクセサリー	○	×	○	本物の銀なのかダイヤなのか、または本物のデザインなのか、素人には見分けがつかない。有名なアイテムにはニセモノも多い。誤って偽物を仕入れて販売してしまう可能性がある
フィギュア	○	○	○	種類が多い上に型番がないため、リサーチできない、タイトルが付けられないため、バイヤーの検索に引っかかりづらい。素人には難易度が高いジャンル。
自社商品	×	×	○	世界で認知度が低いため、需要がない可能性がある。何万人もワード検索する人がいない限り、厳しい

　このように、私はありとあらゆるものを物販で販売して多くの失敗をしてきました。実際に私がビジネスを続けた結果、残ったのがアンティークのフィルムカメラなのです。今現在もフィルムカメラを販売することで継続的に利益をあげています。

　日本人が大切に使い、日本でしか手に入らないアンティーク商品を売るのがeBay輸出ビジネスの真髄です。海外富裕層のファンには、日本のフィルムカメラ商品は高い価格でも欲しくてたまらない商品なのです。私は、ここに大きなビジネスチャンスがあると考えています。

3-9 商品の利益は 1円単位まで計算しておく

eBayに限らず、物販ビジネスに失敗する人の特徴は、支出計算がどんぶり勘定なことです。サラリーマンの方に多い傾向があります。本業の仕事はきっちりやるにも関わらず、副業となると、「大体これ位でいいだろう」とざっくりでしか数字を把握しない人が後を絶ちません。やはり、物販ビジネスでは、1円単位まで数字を把握することが大切です。

なぜ1円単位の計算が必要なのか

その理由は、**赤字なのに儲かっていると錯覚してしまうから**です。先行投資をしてもただ仕入れの支払いに追われていると感じ、状況を的確に把握できなくなりがちです。

はじめは先行投資をして品数を増やす必要があります。そのため、入ってくるお金よりも、出ていくお金の方が多くなってしまうのは仕方がありません。中古物販は自分の店に商品を何品揃えるかで売れ方が変わります。出品数が10個の人と、100個の人では、売れ行きが違います。始めのうちは、仕入れて売って利益を出しながら商品のラインナップを増やしていくことが大事です。10品出したら、その利益で、次の月は20品に増やしていく作業をします。

例えば、あなたが50万円稼ぎたい場合、利益率が25%なら、200万円の売上が必要です。さらに、回転率が50%の場合、400万円の

商品の品揃えが必要になります。そこまで品数を増やし続け、売上を増やす必要があります。200万円の売上に達して初めて、一定の仕入れ額となり、売上が横ばいになり、しっかりと利益が出るようになります。それまでは先行投資をし続けなければいけません。**入るよりも出るお金の方が多くなることは予め想定しておきましょう**。ここをきちんと把握せず、どんぶり勘定になると不安だけが募ってしまうのです。

最悪の場合、支払いができなくなる可能性も

どんぶり勘定が怖いのはそれだけではありません。たとえば、Amazonで物販をする場合、利益が10％以下になることも商品によっては珍しくありません。例えば800円で商品を仕入れて1000円で販売し、手数料は10％の100円、諸経費を引くと利益は100円を切ります。それにも関わらず、2週間以上ずれて販売した分の売上が入金されるので、どんぶり勘定だと、なんとなく儲かっているように見えてしまいます。一円単位で計算していなければ、蓋を開けたら大赤字で、仕入れの支払いのために物販をすることになりかねません。さらにeBayでは為替もついて回るため、一円単位の計算は欠かせません。

このようにしっかりと計算をせずに勢いで仕入れると、支払いができなくなってしまう人もいます。さらに、先行投資の時期なのに、「お金が減っていく」という不安ばかりに目がいって、「儲からないのでやめます」という人が後を絶ちません。これは本当にもったいないことです。

お金は減っているが、資産が増えている現実を理解する必要があります。特に、フィルムカメラの場合は商品＝資産です。服や他の商品

のような消耗品とは違います。仕入れた時点でお金が資産に変わった
だけですので、不安に感じる必要はありません。

　eBay輸出ビジネスの利益計算に必要な数値は、仕入れ値、販売価格、
販売時のドル相場、送料、利益率などです。ちなみに私のスクールで
は、ウェブ上に入力して記録してもらっています。今回は本章の最初
に、読者の方のために特別に利益計算テンプレートを用意しました。
ぜひ活用して一円単位まで計算して、利益目標を達成してくださいね。

事業が緊急事態宣言で売上0円もeBayで挽回

　私がeBayビジネスに出会ったのは、ブライダル関連事業と飲食店向けインテリアプランニング事業の経営に加え、事業の柱を増やすためです。李さんのeBay輸出ビジネスコミュニティの説明会に参加し、講師の雰囲気が楽しそうだったことや、「やり遂げる気持ちがあれば絶対に成果を出せるので、サポートします」という力強い言葉を頂けたことで、私はこのコミュニティで輸出ビジネスを始めることにしました。

　しかしeBayを始めて数ヶ月の時、新型コロナウイルスが流行り始めて、本業の売上5,000万円の見込みが0円となってしまいました。地獄のような日々でしたが、不幸中の幸いだったのが、「私にはeBayがある！」と思えたことです。8人の社員には、雇用調整助成金でどうにか最低限の給与を支払い、「2ヶ月後には必ず呼び戻すから！」と約束し、一度解雇しました。

　それからは、毎日努力、努力の日々でした。講師の方にどうすれば成果が出せるのかを教えて頂き、理解しづらい部分も理論的に丁寧に説明を進めて頂きました。

　その後、私がこのビジネスの理解を深めてからは、数字が落ちることなく着実に右肩上がりで数字が伸びて行きました。約束通り、社員には2ヶ月後に戻ってきてもらうことができました。

　eBayビジネスは、やった分だけ返ってきます。正しい導きと努力は裏切らないことを確信しました。現在はeBayだけで一カ月の平均利益500万円以上を安定して達成できています。そして、輸出ビジネスで得た利益で新事業に投資をすることができ、月利100万円を超える収入の柱が毎年増えています。現在はこの輸出ビジネスの幾つかをスタッフに任せつつ、私は次の柱となる事業を安定させようと、取り組んでいます。コロナにも負けず自身が起点となるビジネスに出会えたことに感謝しています。

H.Mさん（41歳・男性）

全財産10万円から始めて防音室付きの自宅に

　私は和歌山県熊野の田舎で家を借り、小さな眼鏡屋を経営していました。和歌山では月10万円の生活費があれば、妻と子供と3人で十分暮らすことができました。

　しかし、家の事情で大阪に引っ越すことになりました。大阪では家賃だけで10万円かかり、1カ月の生活費は30万円を超えます。妻も手に職をつけようと看護学校へ通い始めました。私は、芸能人がドラマで使用したメガネの型番を調べ、すぐにアマゾンで販売する、という物販を行いましたが、流行り廃りが早く、仕事量の割に利益を上げることができません。焦りが募るばかりで、貯金はどんどん目減りする日々。

　そんな頃に出会ったのがeBayビジネスでした。元手はその月の家賃10万円を引いた10万円。「100万円稼ぎたいのに、資金10万円なんて話にならないよ」と言われましたが、なんとかBay輸出ビジネスをスタートさせました。

　無我夢中で実践した結果、10ヶ月で100万円の売上を達成することができました。その後も継続的に売上を伸ばし、eBayを始めてから8年たった今、ビジネスで得たお金で、3件の不動産をキャッシュで購入しました。自宅には、防音室を作り、グランドピアノを購入しました。何より、若い頃の夢だったミュージシャンを59歳の現在でもまた追いかけられるのが、とても幸せです。eBayビジネススクールの講師も行うようになり、私と同じように、「eBayのおかげで人生変わりました！」という方が後を絶ちません。

　私は、eBayのおかげで、「迷ったら一歩踏み出す」という前向きな選択ができるようになりました。始めるのは、何歳からでも遅くはありません。何事も50歳を過ぎてもチャレンジできます。

O.Tさん（59歳・男性）

第4章

eBayビジネスの販売戦略

月収100万円までの
ロードマップをつくる

eBay輸出ビジネスをやることに決めたら、まずは目標月収までの
ロードマップを作りましょう。私のスクールでは受講生に次のような
3ステップのロードマップを作ってもらっています。

ステップ1 …… 目標とする利益を決める
ステップ2 …… 達成期限を設ける
ステップ3 …… 確保できる時間と資金を明確にする

それぞれのステップを詳しく説明していきましょう。

┃ 目標利益を決める

この目標利益は理想のライフスタイルや叶えたい夢から逆算して**具
体的に概算**しましょう。例を挙げて解説します。

会社員のAさんには、早期退職をして、月1回の旅行を楽しむとい
う夢があります。現状は会社員30年目で、手取り月収40万円です。
会社員と同じ月収40万円を維持するとしても、独立した場合は、自
分で税金を払うので約60万円の利益が必要になります。

月1回の旅行は「のんびりと1週間ほど滞在してその土地の美味し

い物を食べたい」というのがＡさんの希望です。そうすると、旅費に1回30万円程度をみておいたほうがよいでしょう。また物販の場合、月によって収入に波があるので、10万円は余裕を持たせて計画します。よって、必要な合計金額は、現状と同じ生活費60万円、旅行代30万円、予備10万円の合計100万円です。漠然と「目標利益100万円」というのとは話が違います。逆に突き詰めて考えると意外に50万円でも十分な方もいるでしょう。

　副業だとなぜか目標利益を適当に考える人も多いのが不思議です。根拠もなしに「月収100万円欲しい」と言う人がいますが、冷静に考えてみてください。

　毎日早く起きて満員電車に揺られて会社に行き、遅くまで残業して働く生活を30年間続け、やっとの思いで手取り40万円の給料です。それにも関わらず、ビジネスを始めて数カ月で簡単に月100万円稼ごうと考える人がいます。それは考えが甘いでしょう。

　eBay輸出ビジネスにどれだけの可能性があったとしても、「楽に」稼げるものではありません。厳しいようですが、甘く考えて高い目標を設定した結果、挫折する人が多いのではっきり伝えておきます。ご自身の理想の生活や叶えたい夢を真剣に考えて、本気の目標月収を決めて下さい。

達成期限を設ける

　人は何年も１つの目標に向かうことは難しい生き物です。「いずれはこうなりたい」というビジョンなら話は別ですが、長期目標だと中だるみし、飽きて他のことを始めてしまうのが普通です。短期間の期限を決めるからこそ行動できると考えましょう。例えば「2024年12月31日までに月収100万円を達成する」など、**1年以内の具体的な期日を決めましょう。**

どれだけの時間と資金を確保できるのかを明確にする

　eBay輸出ビジネスを始めるにあたり、１日に確保できる時間と資金を具体的に計算してください。なぜなら、使える資金や時間によって最適な販売戦略が変わってくるからです。時間がない人は、短時間で効果の出る密度の濃い方法を実行しなければなりません。また、資金がない人は、複利で回転率を上げて資金を増やす必要があります。例えば、1,000円で商品を仕入れて、3,000円で売り、得られた利益を再投資します。その場合は手元に資金がないので、すぐに売れる商品を探す必要があります。

　このように、eBay輸出ビジネスでは３ステップのロードマップを作るといいでしょう。限られた時間と資金の中で、自分の目標月収から逆算して戦略を立てることが大切です。

4-2 売上と利益から逆算して販売戦略を立てる

　使える資金や時間が明確になったら、目指す方向性から逆算して販売戦略を立てます。販売戦略には、大きく分けて2つのタイプがあります。ここでは、「回転寿司タイプ」と「銀座カウンター寿司タイプ」と名付けます。

　「回転寿司タイプ」は、今は資金が少ないため、なるべく早く売上を上げたい人向けの薄利多売の販売戦略です。一方の「銀座カウンター寿司タイプ」は、資金がある人向けの高利益商品の販売戦略です。
　では、それぞれの戦略について詳しくお伝えします。

回転寿司タイプの販売戦略は高回転

　資金が少ない「回転寿司タイプ」の販売戦略は、**低価格の商品を仕入れて、短期間で多くの数を売り、利益を上げながら資金を作る方法**です。つまり、出品した商品の回転率をあげる方法で、相当ハイペースな販売方法になります。資金がないので、すぐに売れる商品を仕入れます。売れて得た利益は仕入れに再投資して、仕入れる数を1個から2個に増やしていきます。1,000円で仕入れた商品を3,000円で売るのでもいいです。とにかく薄利多売を繰り返して、利益を増やします。このタイプは、商品をあれこれ売らず、利益率の高い同一商品を何度も売るのがいいでしょう。

　例えば、1個につき7,000円～ 8,000円の利益が出る商品を、月に

10個売れば利益は月8万円程度出ます。これが1種類だと心もとないですが、このような商品と同じペースで売れる鉄板商品を5種類持っていれば、1ヶ月で40万円の利益が出ます。その利益で商品をさらに仕入れて販売する、というサイクルを繰り返して資金を増やすのです。

銀座カウンター寿司タイプの販売戦略は高単価

次に、資金に余裕がある人向けの「銀座カウンター寿司タイプ」の販売戦略の事例を紹介しましょう。資金力に余裕があるならば、回転率が悪くてももっと高単価の商品を販売しましょう。例えば平均20万円の商品を60個出品して、直近3ヶ月で90個売れるようなイメージです。この場合は、1ヶ月で30個売っている計算です。そのため、回転率は出品60個に対して月30個なので回転率は50%です。月に出品数の半分が売れるイメージです。しかし回転率が50%でも、利益率を25%としたら1個あたりの利益は5万円出るため、毎月150万円の利益が出ます。

さらに資金力のある方ならば、1個200万円ほどの商品を出品してもいいでしょう。超高単価商品は希少価値が高いものが多いです。探している方も限られている上に、慎重に吟味したうえで購入されるので当然回転率は悪くなりますが、その分1個あたりの利益は大きいので、月に5点の販売でも利益100万に到達する可能性もあります。

このように、eBay輸出ビジネスでは、目標利益と現状の資金によって最適な販売戦略は変わってきます。**自分の置かれた状況でベストな販売戦略を実行していくことが大切**です。

4-3 商品価格を決める 2つのポイント

　適切な商品価格を決めるためには、**「いかに正確なリサーチができるか」** がポイントです。実際にどのような点に気をつけてリサーチしたら良いのでしょうか？　ここでは、2つのポイントをお伝えしましょう。

コンディションを確認する

　つまり商品の状態をよく認識することです。コンディションの種類を下記の表にまとめておきます。

BRAND NEW	新品
UNUSED	開封したが未使用品
TOP MINT	ほぼ未使用品レベルの商品
MINT	使用頻度がとても少なくとても綺麗な中古品
NEAR MINT	使用頻度も少なく、外観、光学も綺麗な中古品
EXCELLENT	一般的な中古品
AS IS	光学にカビやクモリがあり撮影に影響する状態、もしくは動作の一部が故障している難あり商品
For PARTS	ジャンク品

　そして、特に問題なのが、EXCELLENTです。EXCELLENTというと上級品という印象かもしれませんが、このコンディションの種類では、

いわゆる並品に相当します。問題は、EXCELLENTと言っても、とても品質に幅があるのです。EXCELLENTからEXCELLENT＋＋＋＋＋までのでランク付けがあるため、注意が必要です。

　また**動作確認と検品も忘れずに行いましょう**。商品として動くべきところが動くのか、電池を入れる必要があれば、電池を入れて確認します。特に精密機器や家電はきちんと動くかどうかが大事になります。

┃ 商品価格の相場を知る

　その商品がeBayでどのぐらいの相場で売られているかをリサーチします。アンティークコレクト品の場合、**同じ機能でも価格が大きく異なることも多い**ので、注意が必要です。

　例えば、8ミリビデオの値決めにおけるリサーチのポイントを具体的にご紹介しましょう。まず、8ミリビデオの動作確認を行います。商品自体がしっかり動いたら、バッテリーの確認も行いましょう。バッテリーが無いと、充電が切れてしまったら使えなくなるため、価値が下がります。バッテリーもあるし、動作の問題も無いが、テレビとビデオをつなぐケーブルが製造中止で手に入らない。このような商品の場合も価値が下がります。20年前の8ミリビデオの場合、赤、白、黄色のケーブルがないと、テレビにつなげられず、再生できません。このように1つの部品の欠陥でも、重要な部品だと価値が低くなってしまいます。

逆にいえば、部品が欠陥でも大きな影響が無い場合もあります。例えば、8ミリビデオで30倍までズームアップできる商品があるとします。仮に、28倍までしかズームできなかった場合でも、あまり大きな致命傷にはなりません。28倍のズームであっても、カメラとしては機能するからです。

　またカメラに刻印が押されている場合があります。カメラに「佐藤太郎」や「佐藤P」などの前の持主の名前が書かれているのです。「別に気にしない」という人もいれば、「日本人が使っていたという証だ」と喜ぶ人もいます。もちろん、嫌がる人もいますが、これは、バイヤーによって意見が別れるところです。

▎動作しなくても高額で売れる商品も

　また中には動作そのものがおかしくても高額で売れる商品もあります。コンタックスのT2という商品を例にしてお伝えしましょう。多少外観に傷が目立ち、一部動作のおかしい欠陥品でも、700ドル程度で売れています。また完全に壊れて動かせず、オブジェになっているものは、500ドル程度です。壊れてしまったジャンク品でも500ドルの価値を感じてもらえるのです。理由は、フォーパーツと言って、分解して部品を取るために購入されたり、骨董品として飾るために購入されるからです。このT2ひとつ取っても、アンティークコレクト品は、コンディションや付属品によって、500～2,600ドルという価格の幅があります。そのため、正しい相場をきちんと把握しておくことはとても大切です。

4-4 資産価値の高い商品を売る

　商品選びのポイントは、いくつも紹介してきましたが、eBayで売れ続けるなら資産価値の高い商品を選びましょう。なぜなら、そういった商品は万が一すぐに売れなかったとしても、資産として残ります。しかも、商品に資産価値があれば投資としての意味合いも出てきます。つまり、**今後大きく価値が上昇する可能性もあります**。富裕層は、単に値段だけを見て買うかどうかは決めません。彼らはタイミングと価値を見定めて商品を買うのです。そして、投資的価値があるのは、アンティークコレクト品に多いです。なかでもご紹介している、フィルムカメラは現在資産価値が非常に高くなっています。

　実際、私が2015年に国内で4万円で購入したコンタックスのT2というフィルムカメラの商品は、2023年現在、国内でも平均10万円前後まで高騰しています。さらにペンタックスの645という商品は2015年当時は13,000円前後で購入できましたが、今や10万円以上に高騰しています。つまり、価値が8倍近くも上昇しているのです。これは現在、中国の機関投資家たちが、フィルムカメラを買い漁っている影響もあります。

カメラ以外で資産価値の高いものは？

　フィルムカメラの他にも資産価値がある商品をご紹介しましょう。ポケモンのトレーディングカードは、とてもよく売れていますし、メイドインジャパンのウイスキー「響」に至っては、中身が入っていな

い空き瓶でさえも、高値で売られています。車のポルシェ、ランボルギーニ、フェラーリ、カウンタックも価値が高くなっています。ちなみに、超富裕層の間では、ポルシェ、フェラーリ、ランボルギーニは、単なる移動手段ではなく、資産への投資です。そのため、車庫にシートをかぶせてしばらく乗っていないという事もよくある話です。日本の富裕層の間でも高級外車は人気です。ある高級外車専門の中古車販売サイトでも、1,000万円以上の中古車が月に何台も売れています。

逆に、資産価値の上昇が期待できない商品もあります。それは、**本物か偽物かを素人には見分けることが難しい商品**です。例えば、絵画やハイブランドのバッグなどです。本物なら、とても価値があるのですが、本物を仕入れること自体がとても難しいのです。偽物をつかまされると、大きな賭けになるので、素人は避けた方がいいでしょう。

このように、資産価値の高い商品を仕入れたら、たとえ売れ残っても、寝かせただけで価値が上昇することもあります。そのため、資産価値が高い商品は、どちらに転んでも負け知らずなのです。さらにフィルムカメラの場合は、資産価値が高いだけでなく、「出回りが少ない」「需要がある」「ターゲットが富裕層」という特徴があるのです。

4-5 リピート商品を量産する

　eBay輸出ビジネスで稼ぎ続けるためのコツは、**リピート商品の量産化**です。つまり、「他社ではあまり売れていないけれど、自分が出品したらすぐ売れる」という鉄板のリピート商品をつくることです。「ハンバーガーと言えばマクドナルド」「コーラと言えばコカコーラ」のように、「○○と言えば▲▲」、「～のサイトなら、○○は絶対に販売している」とお客さんに思わせることができたら、商売がとてもシンプルになります。

リピート商品を作るメリットはさまざま

　リピート商品だと、くり返し同じ商品を仕入れることになります。毎回同じ商品を仕入れているので、流石に仕入れのコツがわかってくるでしょう。注意すべきポイントがわかるので、**回を重ねるごとにより仕入れが効率的になります**。例えば、「この商品はどこを注意して確認して仕入れる」「この機能は大事だな」など、見るべきポイントが分かるため、無駄がなくなります。逆に欠陥していても問題ない部分も、簡単に判断できるようになるでしょう。普通の人が躊躇する商品でも瞬時に購入できるので、相場よりも安く仕入れることも可能になります。

　例えば出品されてる腕時計に、「動作未確認」と記載があるとします。普通の人は、これを見た時に躊躇するでしょう。しかし、仕入れのコツがわかっていれば、「この部分の故障は直しやすいから大丈夫」など、確信を持って入札できます。**普通の人が買わない状態でも買えるので、仕入れ価格は安くなります**。仕入れが安ければ、当然その分利幅も取

ることができます。

買い手側に訪れてもらう理由になる

　同じ商品を並べることで、お客さんにプロフェッショナルな専門店
という印象を与えます。そして、その関連商品であるアクセサリー（カ
メラの場合はレンズなど）のラインナップも充実させれば、ファンは
サイトを回遊するようになるでしょう。その鉄板商品だけでなく関連
商品を併せて買う人や、関連商品だけを買う人も沢山サイトに訪れる
ようになります。品揃えの充実は専門店では欠かせないポイントです。
これもeBayのアンティーク中古品の販売極意になるのでしっかり押
さえておきましょう。

　私のお店「kong camera」の場合では、セコニック製の希少度の高
い露出メーターもよく販売しています。「kong cameraに行けば、セコ
ニックの露出メーターはいつでも置いてある」という状態を作っているの
です。ちなみに余談ですが、お店の名前は世界中の人が分かりやすく発
音できて、シンプルな3〜4文字のものがおすすめです。「コン」という
言葉は世界中の人が発音出来るため、私は、お店の名前を私の名前で
あるリ・コンヒのコンをとって「kong camera」にしています。

　通常のネット物販では、売上予測を立てにくいというデメリットが
あります。しかし、**リピート商品をたくさん持っていれば、ある程度
の売上予測ができます**。仕入れもその予測から逆算して行うことがで
きるので、無駄な仕入れをせずにお金をしっかり回していくことがで
きるでしょう。このように、リピート商品を量産化するだけでビジネ
スが簡単になるのです。

4-6 鉄板商品が出来たら「横展開」する

　鉄板商品ができたら、次は横展開すると一気に売上アップが可能になります。横展開とは、簡単に言えば類似商品を出すということを指します。

　横展開のメリットは、売上の柱を複数構築できることです。複数の鉄板商品があると、リスクヘッジが可能です。万が一、鉄板商品が一つだけだと、売れなくなった途端に売上が激減します。売上の軸を2つ3つ作っておくことで、安定した売上と利益を実現できます。

　実際に横展開する方法をコーヒーの事例で説明しましょう。まずは、コーヒーを売ると決めたら、各メーカーのブラックやカフェオレなどの全ジャンルの商品を仕入れます。そして、ペットボトルや缶など、様々なパッケージの商品も仕入れます。実際に売ってみて、売れ筋商品がカフェオレだったとします。そうしたら、今度はカフェオレに絞って、色々なメーカーや各パッケージの商品を取り揃えて出品していくのです。

　さらに大事なのが、**この後に縦展開をすること**です。サントリーのカフェオレが売れることがわかったら、次は、サントリーのカフェオレの種類を充実させていきます。このように横展開と縦展開を併せて行い、「このお店にはサントリーのカフェオレなら全商品置いてある」という状況を作ります。

　このように、メーカーを変えたり、類似商品に広げたりして、スクリー

ニングを行いながら売れ筋商品を見つけます。さらに、売れ筋商品の横展開と縦展開をしてみて、その中から売れる商品を残していきます。**これを繰り返し行い、鉄板商品の軸を複数作ることで収入が安定してくる**のです。

┃ フィルムカメラの横展開は本体から

　実際にフィルムカメラの例を挙げて詳しく解説しましょう。まずは、カメラのメーカーとジャンルのみを決めて、その本体（業界用語でBodyと言います）を複数販売します。売れたらまた仕入れて、出品と販売を繰り返して反応を見ます。そこで、手ごたえを感じたら一気に売れ筋の関連商品を充実させるのです。

　フィルムカメラはレンズ、ファインダー、Bodyなどの組み換えが自由です。そのため、Bodyのみで販売したり、標準レンズとセット販売したり、複数のサイズのレンズを置いてみたりと販売方法の自由度が高いのです。グリップやストラップなどのアクセサリーも充実させたり、レンズ複数と本体とアクセサリーも全部セットにしたフルコンプでの販売など、考えられるあらゆる方法での販売を試します。

　その結果、Bodyだけが駄目になって買い換えたい人もいれば、新たなサイズのレンズだけほしい人、楽に持ち運びたいからストラップが欲しい人、カメラごと買い替えで今すぐあらゆる撮影ができるフルコンプが欲しい人など、あらゆるシーンのバイヤーが集まってきます。こうなれば**鉄板商品ではなく鉄板軸が出来る**ので、売上としての一つの大きなうねりとなります。

この販売軸が出来たら、今度は再度横展開するのがいいでしょう。売れ筋のカメラの違うシリーズを扱ってみてもよし、同じサイズの他社メーカーをやってみるのもいいでしょう。こうやって関連商品を置くことで、類似顧客がお店に来るようになります。あとは、同じ要領でやっていけば鉄板軸のラインナップはどんどん増やせます。

　eBay輸出のアンティーク販売は、購入心理も押さえて組み立てる難しさはありますが、要領さえつかんでしまえば簡単です。

4-7 圧倒的独占市場の カテゴリーで勝負する

　eBayに限らず、個人でお店を出す際に大事なのは、**専門店になること**です。つまり、一つのカテゴリーに特化した商品だけを売る店舗づくりを行います。

　例えば、カメラと一口に言っても、何千種類とあります。時計でも服でも豊富な種類があります。アパレルでも、靴屋、スポーツウエア、レディースカジュアル、スーツ、ジーンズと様々です。スーツが欲しい時にはスーツ専門店に行く人が大半だと思います。それは、スーツ専門店に行けば、必ずスーツが売っているし、品揃えの種類も豊富だと予測できるからです。多くの人が初めて物販をする際、「商品を絞り込みすぎるとターゲットが狭まり、お客さんが来ないのでは？」と考えるのですが、それは大きな間違いです。

　多くの種類を揃えて広いターゲット層に対応し、儲けを出せるのはヨドバシカメラやビッグカメラのような資金力のある大企業しかありません。言わば大型店のなせる技なのです。大型店の場合は、カメラもあれば、クーラー、パソコン、電子レンジと多岐に渡ります。もし、それを個人でやろうとしても、カメラ3台、クーラー1台、パソコン1台など、カメラが欲しいお客さんにとっては、「あれ、全然少ないな」と思われるのが関の山です。そのため、個人は2対8の法則でいう「2」のターゲットにアプローチした店舗づくりが大事です。

カメラの専門店例

　実際にeBayで専門店化に最も成功した2人の実例をご紹介します。Tさんは、大判カメラの専門店として出店しています。大判カメラとは、マントを被って撮影する明治時代のカメラといばイメージできるでしょうか？非常にニッチなジャンルなのですが、eBayの中でも、大判カメラを専門に取り扱うのは彼しかいないため、彼の独壇場となっています。Tさんは安定して毎月売上が220～270万円、利益も70～80万円、仕入れも100～130万円と安定して稼いでいます。eBayでのフィルムカメラ販売を2016年から始めて7年になりますが、現在でも稼ぎ続けています。

　またKさんは、16ミリのムービーカメラ、いわゆる映写機の専門店です。しかもまだ実際にカメラとして動く商品を販売しています。そもそも現存して日本に残っていることすら驚きのカメラです。日本では買い求める人が少ないため、買取店も値段がつけられずにただ同然の値段で販売されることがあります。しかし、世界のマーケットに目を向ければ、70万円近い金額で販売されている事もあります。彼は、この16ミリのムービーカメラを中心に売って成功しています。

　2人の店舗づくりの共通点としては、お店のアイコンに自分の顔写真を入れ、バイヤーに信頼感を与えています。彼らは購入後も、アフターケアのメッセージなど、大型店にはできない血の通ったコミュニケーションを取っています。そうなると、バイヤーは強いファンになるため、リピートにつながるのです。

　カメラの事例で説明しましたが、専門店化はカメラだけの話ではあ

りません。たとえば、時計ならセイコー専門店、ゴルフならミウラや
ホンマなどの日本メーカー専門店などがあります。

　eBay輸出ビジネスでも、**専門店にすることで、その商品だけ欲し
い人がやってきます**。ニッチな顧客が来ることで、コミュニケーショ
ンも専門的で円滑になります。その結果、世界の富裕層があなたのお
店のコアなファンになってくれるのです。

スタートからちょうど1年で月収100万円を達成

　僕がこのeBayビジネスと出会ったのは、当時勤めていた会社の業績が悪化し、次の仕事をどうしようか悩んでいた頃です。最初はビジネスモデルが全くイメージできませんでした。何せ私はアミューズメント会社にいたので、物販は全くやったことがありません。主に接客やお店の数字管理をしてきたので、未経験の自分にできるのか不安も大きくありました。でも、「必死にやれば、家族で食っていける程度は稼げるだろう!」と考えて始めることにしました。

　幸いそれまで貯めたお金があったので、それを資金にeBayビジネスをスタートさせました。ほとんどの方が、副業か会社の新たなビジネスの柱としてこのビジネスに取り組む中、いきなりこのビジネス一本でやり始めたのは僕くらいでしょう。僕には2つのことを同時に出来そうな気がしなかったので、eBayに人生のすべてを賭けたのです。

　今思うと、かなりリスクの高い事をしたなと自分でも思いますし、皆さんにはおすすめできません。しかし、僕にとってはあの崖っぷちの状況が自分を奮い立たせる良いきっかけとなり、覚悟ができました。

　その結果、半年で目標の月収50万円を達成し、スタートからちょうど1年で月収100万円を達成しました。その後も毎月指導してもらう中で、今度はeBayビジネスを教える講師にも誘っていただけました。1年のサポート期間を経て、講師の仕事ももう2年半になります。もちろん自らもeBayで稼ぎ続けながら、今では生徒さんにeBayビジネスを教えるために日本全国を飛び回っています。

　これらは、5年前には全く予想もできなかった事です。稼げる生徒さんを増やし、生徒さんの幸せを第一に考えて指導にあたる生活は充実そのもの。生徒ファーストの信念だけでなく、学んだ事は本当に多く、劇的に人生が変わりました。

M.Tさん（46歳・男性）

シングルファザー、eBayでトリプルワーク生活から脱出

　私がeBayを始めた理由は、息子の進学費用を稼ぐためでした。残念ながら私は息子を大学に行かせられるほどの給料ではなかったため、昼の仕事が終わった後、倉庫で荷物の仕分けをするアルバイトを始めました。息子はめでたく大学に入学できたのですが、それと引き換えに私の体はボロボロ。バイトを始める前の体重は70kgでしたが、58kgまで減り顔もやつれてしまったのです。さすがにこれでは体がもたないと思い、何かいい副業はないかと探していたところ、このeBayビジネスに出会いました。

　eBayビジネススタート後の生活は、昼は本業の仕事、２０時から翌１時までバイト、帰ってきてから数時間はeBay、というトリプルワークでした。楽しいことばかりではなく、辛いこともたくさんありました。eBayアカウントが止まってしまい、何度もあきらめそうになったことも。

　しかしeBay輸出ビジネスを始めて１年近く経った頃、念願の夜のバイトを辞められるまでに売上を出すことができ、生活が安定してきました。生活に安定が出ると、心の余裕ができ、個人的な大きな夢でもあった再婚をし、引っ越しまで実現。そしてついに、月１００万円の利益も達成し、本業を辞めてeBay輸出ビジネスでのカメラ販売だけで生活できるようになったのです。今はとても幸せを感じています。

　私の人生を変えたのは、まさにeBayです。４年でたくさんの人生の喜びを得て、生活環境も良くなりました。今この本を読まれている方も４、５年後にどう人生が変わっているか想像してみて下さい。それ以上の結果が出ているかもしれませんよ。

H.Hさん（57歳・男性）

eBayビジネスで稼ぎ続けるための
「7つの心得」

5-1 稼げるステージに行ったら 時間の価値を考える

　eBay輸出ビジネスである程度の売上を超えたら、**ビジネスの効率化を考えることが大切**です。時間は誰でも平等に与えられています。どれだけ自分自身のスキルや能力が上がっても、1日24時間という時間だけは変えることはできません。今よりもさらに収入を上げようとするなら、時間を味方につけることが必須です。

　自分のプライベートな時間や睡眠時間を削って仕事をすれば収入は上がりますが、やがて限界が来ます。さらに収入を上げるためには、「時間を買う」必要があります。器用貧乏な人は、人に頼んでお金を払うことを嫌がり、つい自分でやってしまいがちです。しかし、大半の方は作業量が増えてくると、嫌になって辞めてしまうのです。

セラーが注力すべきは仕入れと検品

　物販には、仕入れ、検品、撮影、出品、梱包、発送などの多くの作業があります。その中で、**セラーが特に注力すべきことは、仕入れと検品**です。目利き力を上げて、良い商品を安く素早く仕入れることで利益率が上がります。また、商品の状態を自分で把握しておくことも大切です。仮に、お客さんからの問い合わせに対して、「他のスタッフが検品したので品質はわかりません」と回答してしまったら、信頼を失うでしょう。仕入れと検品以外の作業は、全て外注化して全自動式で回すことをお勧めします。

私の場合は、商品の保管、プロカメラマンによる撮影、緩衝材をつけた丁寧な梱包、梱包時の撮影、発送を一元で行なっています。正直ここまで一人で行うのは難しいので、潔く外注会社に頼むのが得策です。このように、eBay輸出ビジネスでは外注をうまく活用して、自分の時間を作ることが鍵です。空いた時間でお店のコンセプトを考えたり、商品リサーチをしたり、次の一手を考える時間にしていきましょう。**時間を未来のために使うことで初めて、収入の上限を突破することができる**のです。

5-2 「誰が欲しがるのか?」を 徹底追及する

　物販に限らずどのビジネスでも大事なのは、**顧客ターゲットを明確にすること**です。「その商品を欲しがる人は誰なのか?」という問いに対して、徹底的に考える必要があります。

　なぜなら、ターゲットによって最適な売り方は違うからです。eBay輸出ビジネスでも、自分が売るべき商材がどの人向けなのかを深く考えた上で販売することが大切です。

まずはどこで誰に何を売るのかを明確にする

　eBayで販売する場合、商材は「日本でしか入手できないもの」です。**大切なのはどこで販売するのかをしっかり理解する必要があります。**eBayは世界190か国以上の国に販売できる巨大モールですが、どこの国でも容易に手に入る商材を出品してもあまり意味がありません。当然国際貨物だと送料は高くなりますし、国によっては輸入関税も発生します。見えない大きな費用も発生する中でそれでもあなたから買うには理由が必要です。もうお分かりですよね?　自分の国に販売しておらず、日本にいかないとその商品が手に入らない。だけれども、わざわざ日本に行ってまで購入するのは難しい。だからeBayを通してあなたから購入するのです。**商品が1つ売れるということにもすべて意味があり、根拠がある**と言う事を忘れないようにしましょう。

　本書でも話してきたようにここでは、小さくて高価なアンティーク

コレクト品を販売するとします。そうすると、欲しい人は必然的にコレクターに絞られます。セラーとしてはリピート購入してくれるバイヤーが複数いると、売上は安定します。そこでコレクターの中でも、高単価商品をリピートする人と考えると、「お金に余裕のある富裕層コレクター」というターゲット層が浮かび上がります。このように商品から逆算して顧客ターゲットを導き出すのです。私の場合は深く考えた結果、富裕層コレクター向けにフィルムカメラを販売するという結論に至りました。以上の事を踏まえて、**商品から逆算してターゲット層を具体的にイメージすること**が大切です。

■ ターゲットの絞りかたが分からない時にはSNSを活用する

　例えば、インスタグラムに欲しい商品名を入れて検索してみてください。私は初めて扱うフィルムカメラを決める前には必ずこの作業をします。インスタグラムではその商品名を入力して検索をかけると、その商品で撮影した写真や所有者が商品を自撮りした写真が沢山出てきます。クオリティの高い写真が並んでいる場合は、ユーザーはプロカメラマンやハイアマチュアが多いと推測出来ます。それだけでなく、写真をクリックすれば投稿者にすぐ辿り着きます。投稿者のプロフィールを見れば、プロカメラマンは大抵の方はフォトグラファーと記載しています。プロ向けのカメラと分かれば、どのように販売すればよいのかの戦略が見えてきます。それだけでなく、投稿件数でもその商品の人気度も伺えます。こうして**SNSの情報も駆使すれば、どういう商品が人気で、どんな人が使っているのかも容易に把握できる**のです。

　eBay輸出ビジネスでは、「どこで、誰に、何を、売るのか」を意

識し、特に誰が買うのかを具体的にイメージすることが大事です。そして、「その人たちが欲しがる商品は何か？」を深く考えていきます。ターゲット層に刺さる商品ラインナップを中心にお店作りをしていきましょう。

5-3 お店のコンセプトを しっかりと決める

ネットショップを始めるなら、**お店のコンセプトを決めることが必須**です。私の場合は、「シャネルのような高級感があるお店」をコンセプトにしてアンティークカメラを販売しています。さらに、一言でカメラといっても一眼レフやコンパクトカメラ、レンジファインダーカメラ、中判カメラ、大判カメラと、ジャンルは多岐にわたります。そのため、ある程度ジャンルを特化する事も大切です。また、どのメーカーに力を入れるのかも決めておきましょう。カメラを専門に取り扱う時、この２つのどこに焦点を当てるかでサイトに訪れるバイヤーも全然違ってきます。**販売される商品に応じて、当然、最適な売り方や利益の上げ方も変わってくるのです。**

私は中判カメラと大判カメラを中心とした主にプロ向けのショップにしています。品揃えも高単価デッドストック品が多く、ターゲットはプロカメラマンとコレクターです。目の肥えた彼らを満足させるために、高くても程度の良いものを意識的に取り揃えています。そして、私のお店にしかないもの、いわゆる"レア商品"も取り扱っているのです。常にお客様に「この店に来れば何かワクワクする商品がある」と思って頂けるような商品構成を心がけています。このように、ターゲットをしっかり絞り、商品構成を考えてショップ作りをしましょう。

汎用品とジャンク品のコンセプトは避ける

「誰でも良いから一人でも多くの方に買って欲しい」という思考に

なると、どんな商品でも置いているお店になります。これはアンティーク商材を扱う場合はおすすめ出来ません。なぜなら、たくさんの人を取り込んで、ニーズに応えて売ろうとすると、究極的には新品汎用品になるからです。新品汎用品は、すぐに真似されるため、価格競争に追い込まれてしまいます。特に個人の場合は資金力がないので、大手との競争に勝つのは難しいでしょう。

そして、コンディションが並品以下の商品や難あり、ジャンク品ばかり販売する事もおすすめしません。何故なら対象顧客が富裕層のコレクターではなくなり、**商品の価値ではなく値段で買う人が集まってくるから**です。この場合の客層は正直よくありません。安いからという値段だけで購入する人はクレームもとても多いのです。

粗悪品のため単価が安い上にクレームも多く、返品処理や修理代金の一部返金、メッセージのやり取りなど精神的にも負担の多い業務が増えますし、利益も削られがちになります。しかも単価も安いので数を売らないと利益は積み上がらない。これこそが悪循環です。どういう顧客を対象にアンティーク商材を販売するのかをしっかり意識する事は、このビジネスを取り組むうえで非常に重要です。

カメラショップのコンセプト例

私のスクールの生徒の中には「博物館」というコンセプトでeBayに出店している人がいます。彼は1台100万円以上するような超レア商品をずらりと並べており、例えば非常に古い遠赤外線レンズを売っています。遠赤外線レンズは、暗闇でも見ることができるため、フラッシュなしでも撮影できるものです。このような超レア商品や超高

単価な商品を多く取り揃えることで、ハイレベルな高級店を演出しています。

　またもう一人例をあげると、「初心者向けの街のカメラ屋さん」というコンセプトで出店している方もいます。フィルムカメラ、ストラップ、キャップ、フィルムなどの初心者向けセットを販売することで、カメラの初心者バイヤーが訪れやすいショップになっています。

　このように、まず「何を」「誰に」「売るのか」を明確にした後にコンセプトを作り、特定のジャンルに絞った専門店を目指すことが王道です。コンセプトがしっかりと伝わるとバイヤーにも一流のお店という印象を与えやすくなります。

5-4 誰でもできる作業は 外注化する

　心得1でも触れましたが、eBay輸出ビジネスで稼ぐためには、作業の外注化も大切です。自分一人ですべての作業をする方がいますが、思い切って人に任せてみましょう。**すべて自分一人でやると収入の上限が低くなります**。1日は24時間で、一人で働ける時間には限りがあるからです。幸いなことに、物販は単純作業が多く人に任せやすいビジネスです。**単純作業は外注して、時間を有効利用することがポイント**です。逆に、これができないと時間と収入に限界が来るため、自由なライフスタイルは実現できません。

　例えば、**商品の撮影はプロに任せた方がいい作業**です。プロの撮影した写真は、商品がきれいに映り、高級感が出ます。素人がいくら同じように撮ろうと頑張っても、やはりプロの技術には敵いません。さらに、**梱包も人に任せられる作業**です。梱包方法などを丁寧に教えれば、どんな方でも出来るようになります。特に送料の高い国際貨物は、「軽く、小さく、丈夫に」梱包できるかが大きなポイントです。やはり、専門の代行業者にお任せすることをお勧めします。自分でスタッフを雇用する場合は、「軽く、小さく、丈夫に」を追求する努力を必ず行いましょう。

　このように外注をうまく活用し、自分にしかできないことをする時間をつくります。その時間で次の戦略を考えたり、ビジネスで重要な決断をしたり、新しいチャレンジをすることも可能です。

外注先はインターネットで探す

　「外注先はどうやって探せばいいかわからない」と思う方もいるか
もしれません。今はインターネットがある時代です。「物販　撮影
保管　梱包代行」と検索窓に入れて検索すれば、外注先が沢山出てき
ます。それ以外にも、個人が集まるクラウドワークスやココナラでも
スキルに特化した優秀な人材を安く外注する事も可能です。この2つ
のサイトでは駆け出しで安く請け負う人も多いので、安く済ませたい
人には向いています。そして、評価が多く実績のある人にお願いする
と、失敗する確率を減らせるでしょう。

外注することで時間とクオリティを生み出す

　弊社の場合は、スタッフに撮影、保管、梱包、発送までを一気に任
せています。特に、梱包に関しては念入りに教育しています。ネット
ショッピングで商品を買ったとき、お客さんが一番感動するポイント
は箱を開けた瞬間だからです。私自身も一度購入して梱包が雑で、「も
う二度とこのお店で買いたくない」と思った経験があります。

　さらに、破損や紛失、中身がないなどのトラブル、誤発送に対応す
るためにも梱包の様子は全て録画して証拠を残しています。国によっ
ては、配達時に箱の中身を抜かれる場合もあるからです。また、保管
中の商品は温度と湿度を管理しながら大切に保管しています。フィル
ムカメラは精密機械で非常にデリケートなので、保管状態が悪いと故
障の原因にもなります。カビやクモリが発生しないように、あらゆる
所に温度計、湿度計、除湿器を設置して最適な環境を保ち保管してい
ます。

5-5 商品写真の クオリティを上げる

　アンティーク商材は、中古品であるため、**写真でいかに綺麗に見せるかがかなり大事なポイントになります**。撮影のクオリティに加えて、アングルもとても大切です。この2つで販売価格が倍以上になる事もよくあります。その理由は、**商品の状態をはっきり知ることができる情報は、写真しかないから**です。新品商品の場合は、傷がないのが当たり前なので、それほどこだわる必要もありません。あるいは、中古品でも「世界でたった一つのレア商品」という状況なら、品質は多少悪くても購入してくれるでしょう。しかし、アンティークコレクト品の場合、高価な中古品なので品質を把握したいと思うのは当然といえます。当たり前ですが、お客さんはより綺麗な状態のものが欲しいわけです。

カメラと時計は写真次第で売値が倍以上になる

　ここでは実際に写真を用いて紹介をします。Pentax 67 というカメラのSMC 105mmというレンズがあります。写真Aは、セラーが自分で撮影した写真です。レンズを買う人が知りたい情報は、レンズの表面状態です。外観の傷は撮影に影響ありませんが、表面の傷は大きく影響するからです。写真Aでは、レンズの状態がよく見えないため、お客さんも購入する判断ができません。

　一方、写真Bは外注したプロカメラマンが撮影したものです。レンズの状態がはっきり見えます。どちらも同じ Pentax67のSMC 105mmというレンズです。少し分かりにくいかもしれませんが、写

真Aはあまり高級そうには見えず、写真Bは高級に見えるでしょう。実際に売れた価格で比較しても、Aは700ドルで、Bは1,400ドルと差は歴然です。つまり、写真が良いと販売価格を2倍にできるのです。このように、eBayでは写真のクオリティが商品価格に直結してきます。

写真A　自撮り

写真B　プロが撮影

次に、TAG HEUER 2000 973.006という高級時計の事例で説明します。セラーが自分で撮った写真Cは、平面的で全体を把握したい人からは立体感もなく、あまり品質の良いものには見えません。バックも折り目があり、ホコリが付着しているため、高級感が感じられません。写真だけで、状態と品質が良く高級感があるように見せることが非常に大事です。写真が悪いと、せっかくの高級時計でも安っぽい印象を与えてしまいます。

写真C　自撮り

写真D　プロが撮影

それに対して、プロが撮った写真Dは、後ろのベルトもくっきり写っています。微妙なアングルを調整して撮影しているため、隅々までよく見ることができます。文字盤の方もよく写っていることが確認できるでしょう。プロの技ですが、背景をグレーにすることで高級感も演出しています。

　両者を比較すると、どちらが品質も良く高級感があるかは一目瞭然ですね。2つとも実際に販売された商品ですが、写真Cは150ドル、写真Dは559ドルと実に3倍以上の価格差が出ています。

　このように、商品写真は販売価格に大きく影響します。やはり、撮影は必要経費と考えて、プロに外注で頼むことをお勧めします。プロの写真だと商品の価格を高くすることが出来るため、この外注費用は投資効果が高いと言えるでしょう。

5-6 販売力のあるショップを構築する

　アンティークコレクト品、ビンテージの中古品に限りますが、eBayならではの販売サイト構築の考え方をお伝えします。eBayのサイト構築で成功するには、正しい順番を踏む必要があります。それは、「数→売上→安く仕入れる→レア物を掘り出す→高値売り→相場作り」の順に構築することです。

最初の1個を購入してもらうのを意識する

　まず、前提としてeBayのお客さんはとても慎重だということを覚えておいて下さい。なぜなら、「言葉も通じないかもしれない」「国境を越えるから送料が高い」という状況で、「この人から買っても大丈夫かな…」「変な商品を掴まされないかな…」と警戒感を持っているからです。お客さんは、**セラーがどんな人なのか、他にどんな商品を売っているかなど、サイトの隅々までチェックします**。その上で、「これぐらいの金額なら、失敗してもまぁいいか」と妥協できる範囲内の金額で商品を購入してくれます。

　この**最初の1個を買ってもらうことがとても大事**です。eBayでは、セラーをフォローすると、出品する度にアラート通知が来るようになります。フォローされるためには、まずは、お客さんに購入されて、そして気に入ってもらわないと話になりません。そのため、最初は安い金額の商品を数多く販売します。目標は100個の販売実績を作り、多くの人に認知してもらうのです。いわゆるマーケティングで言うと

ころの、フロント商品、ミドル商品、バック商品のうちのフロント商品を売ります。最初にフロント商品を購入してもらうことで、セラーとしてのあなたを知ってもらいます。「質問をしたらレスポンスが早い」「梱包が丁寧だ」など、小さな積み重ねで信頼を得ていくのです。100個販売したら、固定客が少しずつ付いてくると思います。

実績を積み上げたら売上にフォーカス

利益のことより、まずは売上を上げて高い水準でキープすることが先決です。その後仕入れが安くできれば、利幅が改善できるからです。安くて良い品を仕入れるためには、目利き力を養う必要があります。仕入れ力を身につけると、普通の人が買わないものでも買えるようになり、安く仕入れることが可能になります。目利き力が高くなった頃には、月収50万円くらいには到達するでしょう。

レア物等で高値売りのできるショップに

そして、次は利益を確保するために、付加価値をつけたレアな商品を販売します。例えばあるセラーは、SICバージョンというレンズを5万円〜6万円で仕入れて、900ドルで売っています。SICバージョンというレンズは、一部にシリコンカーバイドがコーティングされたレンズで、全体の2％ほどしか製造されていないレア物です。そのため倍の値段でもすぐに売れてしまうのです。この他にもレアな物はあります。例えば当時のヨドバシカメラの割引値札などは、その時代に売っていた証拠になるアイテムです。コレクターにはとても高い価値があります。ただレア物や付加価値の条件は、一朝一夕にはわかりません。ある程度の時間がかかると覚悟して、じっくり学ぶのがいいでしょう。

しかし高値売りを実現するためには、お店のコンセプトが大切です。高級店なら高額商品は売れますが、低価格の雑貨店の中にポツンと1つ高い商品があっても、怪しくて手が出ないのが人の心理です。「この店では高くても当たり前だよね」と思ってもらえるお店づくりを普段からしておくことが大事でしょう。

最後に相場づくりをする

ここでの相場づくりとは、世の中の相場ではなく、あなたのお店の相場づくりをすることです。例えば相場が3万円の商品でも、あなたの店なら5万円でも売れるという状態を作り出すのです。少し時間はかかりますが、一度信用してもらえると、多少高くても買ってくれるようになります。庶民的考えだと、色々な店の値段を比較検討して安い商品をするのが普通です、しかし、**富裕層は値段よりも安全安心の方を選びます**。もしくは、サイトや商品を見たときのワクワクやときめきで選ぶのです。

このようにeBay輸出ビジネスで持続的に稼ぐためには、**販売力のあるショップの構築が必要**です。一度販売力のあるサイトを構築できたら、何をやっても売れる無敵状態になります。最初は難しく感じるかもしれませんが、あなたも販売力のあるサイトを目指してチャレンジしてみましょう。

5-7 専門店ごとにアカウントを分ける

　物販ビジネスでは、**カテゴリーに特化した専門店になることが必須**です。異なるカテゴリーで多くの商品を揃えても、ニッチなお客さんは来てくれません。やはり、ビジネスセオリーの2対8の法則に従って、2割の顧客に向けて販売することが大事です。

　私の家の近所には、寿司とステーキが食べられるレストランがありますが、人が入っていません。やはり、寿司とステーキを同時に食べたいと思う人は少ないのでしょう。安易に多くのお客さんを取り込もうと狙っても、かえって逆効果です。

ジャンルごとにコアな客を作る

　eBayの場合でも、専門店が繁盛しています。カメラが好きな人はカメラ専門店で買います。**もしカメラを見に来たのに、横にブランドバックが並んでいたら、お客さんは専門性に欠ける店だと感じます**。「きっとカメラの質問をしても答えてもらえないだろう」「万が一不良品が届いても、まともに対応してもらえないかもしれない」と勝手に推測してしまうのです。

　本当に**カメラとブランドバックを売りたいなら、アカウントを別に作って専門店化する必要があります**。幸いeBayの場合、同じ人でも5つまでアカウントが作れます。商品カテゴリーを絞り、特化するのがいいでしょう。うまくいけば、どちらの店にもコアなファンが来店します。人は

ハマれば、そればかり購入するという状態になりますので、専門店になることで、リピート客を取り込むチャンスが増えるのです。

カメラならジャンルやメーカーでショップを分ける

　私が展開しているフィルムカメラ専門店の例をとって説明します。私が取り扱っているのは、主に廃番品となっている古い商品であるフィルムカメラです。それに加えて、新品により近い程度の良いもの、上質なもの、元箱など付属品のそろっている中判カメラ、大判カメラ、デッドストック品に特化したサイトを充実したショップを展開しています。ターゲットはどちらもプロカメラマン、ハイアマチュア、コレクターです。

　他にもeBayを見渡せば数多くのカメラ専門店が見つかると思います。例えば、一眼レフカメラに特化した販売をするストアもあります。一眼レフはプロから初心者まで幅広く愛用されています。また一眼レフは、低単価の商品が多く手軽に購入する事が出来るため、利益は薄いですが回転率は非常に良い商品です。他にはメーカーに特化した専門店もあります。例えばNIKONに特化するとNIKONマニアのユーザーさんが集まってきます。当然NIKONのコアなマニアなら高額な商品も買ってくれる確率が高いでしょう。

　このように、フィルムカメラはどのジャンル、どのメーカーに特化するかでお店の色もコンセプトも方向性も変わります。必然的に訪れるお客さんの質も幅も全く異なります。これはフィルムカメラだけでなく、すべてのアンティークコレクト品で同じ傾向があります。まずは一つのジャンルに特化して販売力を強化し、利益を上げる。そして、**再現性をつかみ利益が安定して目標額を毎月達成するようになったら、新たなアカウント**

トで新ジャンルを開拓していく。この繰り返しで売上と利益を積み増し
していきます。

コンビニバイトとの両立から、今では平均月収70万円

eBayビジネスを見つけたきっかけは、副業からでも、一人で出来る仕事を探していたからです。店舗を持たず少額からでも始められるのが魅力で、何とかこの販売方法を習得したい思いでいっぱいでした。当時の私は事業の失敗が原因で、妻が子供2人を連れて家から出て行ったばかりで、事業の借金と子供たちへの仕送りなど、支払いのことで頭がいっぱいでした。eBayは自営業の最後のチャンスだと腹を決めました。

eBayビジネスを始めた当初は、1年以内に月収100万の目標を掲げて取り組んでいましたが、商品知識が全く無いところから始め、月収100万にたどり着くのは、そうそう甘いことではありません。実際、スタートから2年間は月収30万の壁をなかなか超えることができませんでした。

10万を切る月も年に数回あったので、周囲からは「他の仕事を見つけた方がいい」と言われてきました。それでも絶対成功できると自分を信じ、コンビニで曜日ごとにバラバラの時間のシフトをこなしながらeBayビジネスを続けました。この頃は、不規則な生活で本当にきつかったです。バイトを辞められるようになるまで2年10ヶ月かかりました。

そして2020年の1月、急に売上が伸びて34万の利益が出たのです。それからは月収が少しずつ右肩上がりになり、2021年の7月、遂に月収100万を達成することができました。約4年かかりましたが、諦めず続けて本当に良かったと思っています。

スタートから6年経ち、現在の平均月収は約70万円を維持していますが、1日の作業量は平均2.5時間程度です。支払いのことを全く気にしなくなりました。離れて生活していた子供たちとも一緒に旅行できるようになり、お小遣いを渡せるようになったことがとても幸せです。

I.Nさん（61歳・男性）

会社員から、場所と時間にとらわれない、
理想のライフスタイルへ

　私は飲食企業で勤めており、昼から深夜遅くまでの重労働、週一休みで妻との時間もなかなか取れない毎日でした。2019年の冬頃、念願の新規事業を任せてもらえた矢先に、新型コロナウイルスが流行し始め、新規事業も断念せざるを得ない状況に。

　状況が一変したことで悩んだ結果、独立しようと決心しました。新しいビジネスを探す際は、理想のライフスタイルをもとに「場所」と「時間」の制約が少ないビジネスをしようと考えていました。するとある日、eBay輸出のスクールセミナーの広告が目に飛び込んできます。最初は半信半疑でしたが、説明動画を見てeBayビジネスの可能性をすぐに感じました。それと同時に転職をし、副業としてeBay輸出ビジネスをスタートさせたのです。

　最初は本業も転職したばかりで、あまり目立った実績は残せませんでしたが、継続して販売していくことで資金を着実に増やすことができました。、スタートから1年後に、目安であった目標を達成したので会社を辞め、eBay輸出ビジネスで念願の独立をしました。独立後もブレずに継続したことで、現在は平均利益90〜110万円です。

　安定して稼げるようになってからは、生活スタイルも大きく変わりました。今では月一ペースで妻と旅行をし、隙間時間でパソコンを開いて仕事をするという、以前では考えられない日々を過ごせています。不安が全くなかったというと嘘になりますが、ゴールを達成した後のことをイメージし、ワクワクしながらここまで来ました。私はeBayビジネスに挑戦し、人生が大きく変わりましたし、eBayビジネスには、まだまだ大きな可能性があると感じています。

F.Hさん（32歳・男性）

第6章

稼げない人がやっている
NGアクション

リサーチができず、
売る商品を決められない

eBayで稼げない人は、お店のコンセプトを決められず、売る商品を絞り込めない傾向があります。その結果、何十億点の中から仕入れ商品を探す羽目になり、膨大な時間がかかります。そして、以下の3つのNGアクションをやりがちです。

値段を仕入れ理由にする

まず1つ目のNGアクションは、**お客さんが感じる価値ではなく値段だけを見て仕入れてしまうこと**です。とりあえず、安い商品を適当に50個ぐらい仕入れる人もいます。この時の問題点は、商品の販売実績や商品価値を全くリサーチしないことです。単に価格が安いという理由だけで仕入れると、商品価値の無い商品を売って失敗します。

商品リサーチが浅い

事前に商品を絞り込めていないので、リサーチに時間をかけても適した商品を見つけることができません。ヤフオク！で売れる商品を探そうと思っても、何十億点も商品があります。その中から、何の準備もせずに売れ筋商品を見つけることは至難の技です。**事前にeBayでリサーチして商品を絞り込んでおく必要があります**。商品の絞り込みが甘い場合、長時間ヤフオク！で商品を眺めても売れ筋商品は見つからないでしょう。

不明点を調べない

　今は、インターネット検索で多くの情報が得られる時代です。eBayについて深く知りたい場合、Googleなどに「eBay」と入力して検索します。すると、eBayに関するブログやeBayジャパンのホームページにたどり着くはずです。ホームページには、「eBayアカデミー」という、セラー初心者から上級者までの段階に合わせた動画学習コンテンツがあります。動画では、eBayの設定方法、出品方法などの基本的なことから、売上向上のポイント、マーケティングツールの使い方や販売促進のヒントまで多くの情報が得られます。こういったように、今はインターネットで検索をすれば、基礎的な情報には困りません。不明点はすぐに調べる癖をつけておきましょう。

　稼げない人の3つのNGアクションは、値段だけで判断して仕入れること、濃いリサーチができないこと、分からないことを調べようとしないことです。ビジネス初期のリサーチは特に重要です。早い段階でコンセプトを決めて、最適なリサーチをすれば、効率よくターゲットに沿った商品を仕入れることが可能です。初めは難しく感じるかもしれませんが、早めに商品を決めて効率よくリサーチしましょう。

すぐに結果を求めてしまう

　eBayビジネスを始めて1、2ヶ月も経たないうちに、「思っていたのと違う」と辞めてしまう人が多くいます。率直に言いますが、**ほんの数ヶ月やっただけで生活費が稼げるようになるほど簡単なものではありません**。ゼロからスタートする場合、初売上までに最低でも2ヶ月はかかります。

　出品して1週間売れなかったので、焦って値段を下げてしまう人もいます。残念ながら、趣味趣向の強いアンティークコレクト品の場合、値段を下げても売れるわけではありません。価値の割に安すぎる金額だと、逆に「偽物なのでは?」と疑心暗鬼にさせてしまいます。それなのに、安くしても売れないと思い込み、eBayビジネスを辞めてしまうのです。

ビジネスの「遅れの法則」

　「遅れの法則」とは、結果は後からついてくるという法則です。わかりやすく新幹線と飛行機で例えてみましょう。新幹線の場合、切符を買って出発時間までに乗車すれば目的地に到着できます。ところが、飛行機の場合は、出発するまでに時間がかかります。1時間前には空港に行って、チェックインで荷物を預け、保安検査場を抜けて、ようやく搭乗できます。飛行機は動き出す時も滑走路まで低速で動きます。しかし、早く目的地に到着するのは、飛行機の方です。eBayビジネスはこの飛行機と同じです。はじめの1、2ヶ月はアカウント開設や

ペイオニア登録などに時間を使うので、売上は立ちません。しかし、出品し始め、少しずつ売上が立つようになると、1年後に一気に伸びるのです。

　わかりやすくするため、売上の推移を表にしたので、ご覧ください。縦軸は収入で、横軸は時間です。

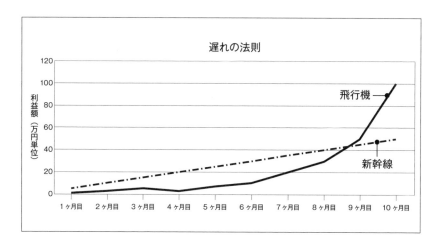

　上記の表は、eBay開始から10ヶ月で月収100万円を稼ぐことを目的とした場合です。はじめはアカウント設定に時間がかかるためスタート2ヶ月目でやっと売上が立ちます。その後は微増しますが、横ばいが続き、9ヶ月目にようやく目標金額の半分になります。そして、翌月で一気に倍増し、スタート10ヶ月後には月収100万円を一気に超えるのです。

足し算思考をやめる

　どのようなビジネスでも、いきなり最初から売れることはありません。一生懸命に取り組んでも、結果が出ないこともあります。すぐに辞めてしまう人たちは、足し算思考です。足し算の場合は、着実に1つ1つ積み上がっていきます。しかし、ビジネスは足し算ではなく掛け算で成長します。掛け算の場合、1×1＝1、1×2＝2で、はじめは足し算のように積み上がってはいきません。ところが、1×2×3＝6になって初めて、足し算とイコールになります。さらに続けると、1×2×3×4＝24、1×2×3×4×5＝120と一気に加速します。

　昨今では、簡単に稼げると勘違いさせるような謳い文句のビジネススクールの広告をよく見かけますが、**「稼げる」と「稼ぎ続ける」には大きな差があります**。稼ぎ続けるために、最低1年は投資の期間と捉え、儲けは後からついてくると考えることが大切です。会社員で3年働いてもそれほど給料は変わりませんが、eBay輸出ビジネスの場合、3年で大きく収入が上がる可能性を秘めているのです。

6-3 手法ばかりにこだわり、本質を理解しない

手法ばかりにこだわり、本質を理解しない人が後を絶ちません。**ノウハウだけを手に入れても、本質を理解しないと成功は難しいです。**しかも、そういう人に限って、無料でノウハウを得ようとします。無料のノウハウはやはり無料レベルです。

では、「本質とは何なのか？」と気になった人もいると思います。私が考える本質は2つあります。それは**根拠の裏付け、顧客心理の2つ**です。この2つの本質を理解して行動しないといくらノウハウがあっても失敗してしまいます。

実際に、私も本質を理解できなかったために、事業で失敗した経験があります。15、6年前、まだeBayに出会っていない頃のことです。1つの事業が失敗して、次は何の商売をしようかと1年ほど模索していました。実家の借金の返済もあったため、サラリーマンでは生活が成りたちません。普通の生活をするには、自営業で商売するしか選択肢がなかったのです。当時は超円高の1ドル79円でした。私は韓国語が話せて、韓国にコネクションもあるので、韓国が関係するビジネスをしようと思い立ちました。そして当時、K-POPのブームが来ていたのと、CDは食品や化粧品と違って腐らないから売れなくても長期保管できると安易に判断し、K-POP のCD販売事業をスタートしました。

しかし、この選択にはK-POPのCDを**商品として選ぶべき根拠**が

足りていませんでした。長期保管できるという事は、裏返せば売れ残りです。それを良しと判断することの未熟さが今ならよくわかります。いくらその時人気でも、ブームが去れば終わりです。しかも円高もいつまで続くか全く保証がありません。何の根拠もなく思いつきで始めたので、とても多くの苦労をしました。本来なら、K-POPのCDが日本でいくらで販売されているのか、どのくらいの需要があるのかという過去の販売実績を調べなければいけません。それらのリサーチを一切やらずに始めたので、苦戦するのは当たり前なのです。

▌ 売れる根拠を裏付ける

　ビジネスの本質の1つ目は、**商品が売れる裏付けを取ること**です。CD屋の例なら、実際にK-POPのCD を扱っている業者が何社あるのか、人気のCDは実際に何個売れているのか、というデータを調べる必要があります。例えば、楽天でのレビューが5000件だとした場合、2人に1人がレビューを入れると分かっていれば、1万枚は売れている計算になります。このように、商品が売れる証拠を調査することが必要です。

▌ 顧客心理を理解する

　ビジネスの本質の2つ目は、顧客心理です。つまり、**お客さんが本当は何を求めているのかを知ること**です。顧客心理とは実際にどういうことなのか、うまくいった事例でお伝えします。K-POPのCDのお客さんはアイドルの追っかけをされている方も多いので、オフィシャルサイトを見てCDの発売日をよく知っています。いくら韓国で発売される商品でも、推しのCDは1日でも早く欲しいものです。大

抵は日本のお客さんに届くまで、発売日から1週間以上かかることが当たり前です。「これが発売日に手に取ることができたら、どんなにお客さんは喜ぶだろうか？」と考えた私は、メーカーと直接交渉をしました。「送料が高くなってもいいから、発売日前に送って欲しい」と何度も交渉した結果、発売日にお客さんの手元に届けることができたのです。喜びの声をたくさん頂き、SNSでも「早く届きました！」と投稿して私の店を紹介してくれました。さらにCDにそのアイドルの生写真を付けたところ、飛ぶように売れました。このように、お客さんが本当に欲しい価値を理解することが大事です。

　CD事業をしていた時に2つの本質を知っていれば、失敗せずに済んだと思います。当時の私は顧客心理の追求しかできていなかったので、とても苦労をしました。高い勉強代でしたが、その失敗は現在のeBay輸出ビジネスに活かせています。私は遠回りしてしまいましたが、皆さんには失敗してほしくありません。**本質を理解していれば、持続的に稼げるようになります**。ぜひ、この2つの本質を抑えて商売していくことをお勧めします。

6-4 投資とリターンを正しく理解せずに行動する

　ビジネスでも「投資」の考え方ができないと、失敗してしまいます。投資というと、多くの人は株や投資信託を連想しがちですが、それだけではありません。**投資の正しい意味は、未来の利益のために事前に支払いをすることです**。例えば、子供の教育費も子供の未来への投資です。将来的に学力が上がり、希望する進学先や希望する会社等に入れるというリターンを得るために、お金を支払っています。後から自分に利益となって返ってくることに対して、お金をつぎこむ行為が投資です。

　ところが、稼げない人は、目の前の出費を投資とは考えず、ただの消費や浪費と捉えてしまうのです。新しいスキルを身につける教育も投資の一つです。稼げない人は、長期的に投資と捉えることができず、値段の高い安いで判断してしまいます。残念ながらこの考えでは成功が遠くなります。

アンティークカメラ販売における投資は、実績

　どういうことなのか、お伝えしましょう。最初はeBayのアカウントが信頼されていないので、お客さんから警戒されます。eBay は国を跨いだECサイトなので、言葉が通じるかわからない人から買うので、信頼されないのが当然です。カメラの場合は、300ドル以下はお試しで買ってもらえる金額なので、始めは利益のことはあまり考えず、300ドル以下の商品を売ります。まずは、買ってもらって実績を作る

ことが大事だからです。買ってもらって少しずつ信頼を得なければいけません。販売したお客さんから、「質問したら返信が早いな」「梱包も丁寧だな」と気に入ってもらえたら成功です。すると、アカウントをフォローしてくれます。出品すると、フォローしてくれたお客さんにアラートで通知が届くので、リピート購入が期待できます。ここでの投資は、仕入れの支払いです。リターンはお客さんからの信頼と将来のリピート購入です。

　初めから利益を乗せてしまうと、売れているセラーたちと同じ土俵に乗らないといけなくなります。同じ値段で販売している商品でも、一方はすでに数百個販売し、フォロワーもたくさんいて、レビューもいいアカウント。一方は、まだ販売履歴がなく、フォロワーもいないアカウント。どちらが信頼できそうかというと、確実に前者でしょう。**最初に、利益を取らないで販売することは投資です。**まずは商品を売って信頼を積み重ねて、安心なお店だと感じてもらいます。お客さんがついてから徐々に利益を乗せて売っていくことで、安定した利益という投資のリターンを得ることができるのです。

6-5 その商品が好きかどうかで判断してしまう

　商材が好きだからという理由で販売してしまう人は、注意が必要です。**自分が好きな商品を販売すると、本人の主観や思い入れが強くなり、仕入れや値付けの際に冷静な判断ができなくなります。**また、自分がいくら好きだとしても、市場に需要があるとは限りません。商材が儲かるかどうか、需要があるかどうか、枯渇しない在庫量があるかどうかで判断します。

　例えば、アンパンマンが好きだから、アンパンマンのおもちゃを売ろうと考えたとします。実際にeBayで検索してみると、2200件のうち、成約しているのは99件でした。eBayは直近90日の販売履歴が見られるので、3で割ると1ヶ月の販売個数が割り出せます。この場合は30日で33個しか売れないという計算です。それでは回転率が悪すぎます。

好き嫌いではなく商品の需要で判断する

　私のスクールにも、カメラが大好きな人が入ってくることがあります。よくあるのが、せっかく良い商品を仕入れても、売ろうとしないことです。カメラが好き過ぎて、自分が使ってみたくなるのです。残念ながら、それでは商売になりません。また手に入れるのが大変だったからと、高値をつける人もいます。いくらその人にとって仕入れが大変だったとしても、お客さんがその商品に価値を感じなければ売れません。**好きだからではなく、需要があるかどうかで判断すべきです。**

私のスクールは、フィルムカメラ販売の極意を教えていますが、フィルムカメラの使い方を教えるスクールではありません。また、カメラ好きのためのコミュニティでもありません。カメラを使うことと、販売することは全く別ものです。**商品を好きである必要はなく、むしろ特に興味のないものを販売した方がいいと考えています**。その方が冷静に、俯瞰してニーズを見ることができるからです。

　リサーチには冷静さが必要です。「恋は盲目」と言いますが、売る商品に主観が入ってしまうと、冷静な判断ができなくなります。ビジネスとして考え、冷静に判断できる商品を売りましょう。

6-6 学びにお金を使わず、独学でやろうとする

　お金を使わずして、お金を得ようとする人が非常に多いと感じます。ゴルフに例えたらわかりやすいと思いますが、YouTube動画だけでは上手くなりません。上手くなりたいと思ったらプロにコーチングしてもらうでしょう。それにも関わらず、副業で新しいビジネスを始める場合にはYouTube動画やブログ、ツイッターなどSNSに出ている情報だけで稼ごうとします。

　正直なところ、それは考え方が甘すぎます。商売はそう簡単に稼げるものではありません。**本当に稼げるようになりたいのなら、学びに投資をするべきです。**タダで入手できる情報は、所詮は無料のレベルです。その意味で、本書を購入してくれた読者の方は、自分の学びに投資できる方と言えるでしょう。

　残念なことに、稼ぎたいと言っている割に辛いことを嫌い、人にあれこれ指示されるのを嫌がり、否定されるのを嫌う人がいます。お金を払っているから、「お客様」として扱ってほしいのです。「稼がせてくれよ」と偉そうな態度を取る人がいますが、私はこのような人には、学費を返金しています。お客様気質の人、依存心が強い人には、教えても結果につながらないからです。「生徒」や「弟子」という意識を持つ、そのあり方が大事です。

目標額によって学びかたを変える

　では、「学びたいけど、何を基準に選べばいいの？」「情報がありすぎて正直分からない」という方も多いので、学び方のポイントをお伝えします。まずは、自分がいくら稼ぎたいかによって投資額も変わって来ます。お小遣い程度で稼ぎたいという場合なら、本書をしっかりと読み込んで、実際に行動に移すだけでも大丈夫でしょう。また、数万円程度の情報商材でもしっかりした教材もあるので、少額を稼ぐなら選択肢として有りだと思います。ただし、情報商材もしっかりと吟味して選んでください。**評価や中身をよく読んだ上で、選択することが大切です**。そして、自分がどのジャンルで副業を始めるかを定めてから調べることが必須です。

　しかし、「月100万以上は稼げるようになりたい」と本気でコミットするなら、しっかりとコンサルしてくれるスクールを受講することをお勧めします。**ノウハウも大事ですが、それ以上に何かを学ぶ上で最も大事なのが「誰から学ぶか」です**。正直これに尽きると言ってもいいでしょう。くれぐれも、ノウハウや教材などの見た目の派手さに騙されてはいけません。指導者さえ間違えなければ、その指導者の下で守破離を徹底して、しっかり取り組めば稼げるようになるのです。さらに補足すると、スクールの内容はどうなのか、個別コンサルをしてくれるのか、受講期間はどうなのか、その指導者の指導実績はどれほどなのかも把握した上で、信頼できるところを選んでください。

　スクールやコンサル、指導者を選ぶ際は、SNS、ブログ、YouTubeなどで、よく調べましょう。発信している内容、あり方やマインドなどの本質的なことを伝えているかをよく調べて正しく師匠を選んでほ

しいと思います。

　そして現役で結果を出し、本質的なことを教えている人から学ぶと最短で成功できます。独学でやると失敗も増えて時間がかかり、結局遠回りになるのです。

（6-7）覚悟を決めて取り組んでいない

　稼げない多くの人が陥っている落とし穴が、**「稼ぐと決めていない」こと**です。その人にお金を稼ぎたい理由を聞くと、「お金持ちになりたいから」という抽象的な答えが返ってきます。具体的にいくら稼ぎたいのかを聞くと、「月収100万円」と大体のイメージで答えられます。その100万という数字はどこからでてきたのでしょうか。第5章でもお話したように、自分の現状の生活費や将来の夢などの一つ一つを聞いて、具体的に計算してみれば必要な月収は自ずとわかります。しかし、この計算額と目標額に差が大きい人もいるのです。

稼ぐ理由を明確にしないと目標にギャップが生まれる

　多くの人は、必要に迫られている実感もなく、「いつか稼げたらいいなぁ」と淡い夢を抱いています。これでは、行動に結びつきません。**稼ぐ人は、必ず稼ごうと腹が決まっています**。例えば、サラ金の借金返済に追われているような人は、もう一歩も下がれず前に進むしかありません。むしろこのような方のほうが、経験的に結果が出やすいです。極端な例ですが、稼ぐ目的がはっきり見えると、活動の原動力になるのです。

　覚悟を決めた人は、いくら辛いことがあっても乗り切れます。**ビジネスでは、スキルや能力よりも、最後まで諦めないメンタルの方が大切です**。正直、最初のスキルの差は大したことはありません。それよりも、コツコツ継続できると、微差が大差になって結果が出ます。

ある生徒の例を紹介しましょう。私と出会った時、彼には全く資金がありませんでした。そのため、最初のコンサルは資金作りからスタートしました。家にある不用品を洗い出して、商品ごとに売れやすい国内ECサイトで売り捌き3万円の資金をつくりました。彼は不用品で作った3万円からeBayを始めたのです。あまりにも資金がなかったので低単価オンリーの販売を徹底し、1000円で仕入れて3000円で販売する等を繰り返し、10万円に資金を増やしたところからフィルムカメラの販売に移行しました。徹底して人気のある商品をリピート販売する事だけに特化しました。その結果、3個の商品をリピート販売する手法で、フィルムカメラ販売を始めてから3ヶ月で月商100万円に到達したのです。彼は今でも副業で3〜5種類のフィルムカメラのリピート販売だけで約月商150万円を稼いでいます。月収ベースで約30万円です。当初の目標だった月収10万をはるかに超え、5年以上経った今ではその3倍の収入を実現しています。しかも、1日の作業時間は数十分程度です。

他人に覚悟を決めさせることはできない

　私は資金作りから一緒にやるので、必要な手順を一つ一つ教えていきますが、やはり本人がやると腹極めていない場合はスムーズにはいきません。過去には、テレビばかり見て「明日やろう」とずるずるしている生徒がいたので、テレビを捨てるように言ったこともあります。そうすると、やるしかない状態に追い込まれ、腹も決まって結果が出ました。たったそれだけのことで、大きな結果を出した生徒が何人もいます。

　このように、**稼ぐ目的を明確にして、追い込まれながら必死にやる**

と結果が出ます。「いつか金持ちになれたらいいな」と願望で発言しているうちはまだ腹が決まっていません。まずは「金持ちになる！」と腹を決めて周りに宣言して退路を断ちましょう。そうするとマインドが変わり、行動変化して稼げるようになるでしょう。

脱サラ4年で理想のタワマン暮らしを達成

　私は27年間のサラリーマン生活を経て4年前に独立起業し、現在は3LDKのタワマンに愛犬二匹と暮らしています。サラリーマン生活を続ける中で、「このまま定年まで同じ会社で勤めるのか？」と、ふと疑問に思ったことがきっかけで、自分の人生を振り返りました。「1日のほとんどを会社で過ごし、家ではお酒を飲んで寝るだけ…自分は何のために働いているのだろう？」と思いました。若い頃は、休日に学生時代の友達と遊びに行くこともありましたが、歳を重ねるにつれて、会社関係の人付き合いばかりになり、どんどん交友関係が狭くなっていきました。もっと自由に自分の時間を使える仕事を探そうと、まずは副業から始めることにしました。

　最初はアフィリエイトのスクールやアマゾン転売のスクールなど、それなりにお金を注ぎ込んで学びました。しかし、帰宅後に1日5〜6時間やって、せいぜい月に20万円稼ぐのが限度でしたので、独立するほどの稼ぎは見込めません。当時の私は、満足する収入を得るためには今以上に自分の時間を費やして頑張る未来しか描けませんでした。そんなことを繰り返しているうちに2年が過ぎ、独立起業への熱も冷めかけていた時にeBayビジネスと出会いました。

　その結果、4年前は会社と家の往復だけだった人生が一変しました。晴れて脱サラし、今では北海道や九州・全国各地に足を伸ばして、仕事の合間に観光やグルメを楽しむことができます。現在は、アパートからタワーマンションに引っ越し、留守番ばかりだった愛犬とも長い時間一緒に過ごせています。自分の思い描く理想の生活を手に入れることができたのは、eBayビジネスに出会えたからで、本当に感謝の気持ちでいっぱいです。

H.H さん（53歳・男性）

「自分自身を変えたい」と思って、 飛び込んでみたら本当に変わった

金銭的な結果を先に言いますと、私は元々の資金は約80万円で、eBayビジネスをはじめてちょうど1年で月利100万円を達成しました。それから約2年経った今も月100万円ほど稼ぎ、月利200万円を目指しています（2023年2月時点）。

私がeBayビジネスを始めたのは2020年12月です。それ以前は冴えない個人事業主でWeb制作やライティング代行等のお仕事をしていましたが、全く稼げていませんでした。貯金なし、仕事ほぼなし、実家住まいで親に甘えた人間でした。そんな自分が嫌で「何か稼げることはないか」と、漠然と考え、あれこれ探し始めたのです。そこで何気なく登録した「輸出ビジネススクール」からeBayビジネスに出会いました。

eBayビジネスの良いところの1つは「再現性の高いビジネス」ということです。もっと良いことはスクールに入れば同じ事業を行う「仲間がいる」という点だと感じます。eBay輸出ビジネスは、一人で行うとしんどいことも多いです。でも仲間、講師、先輩がいることで、頑張れます。また、仲間に自分の夢を言うことで、「夢を達成するために今何をすべきなのか？」と考え、「ゴロゴロしないで、仕事しよう」となり、自然と体が動くわけです。

講師と毎日のように連絡を取り、教えてもらったことをひたすらやり続けていると、少しずつ売れるようになり、スタートからちょうど1年で月利100万円を達成できました。その後も継続的に平均で100万円を稼いでいます。貯金ができるようになり、eBay輸出ビジネスを始めて1年半で、ついに実家から首都圏に引っ越すことができました。今年は2回の海外旅行も計画しています。

O.Tさん（34歳・男性）

eBayビジネスで夢を叶えよう

7-1 eBay輸出ビジネスは 夢を叶えるツール

　物販には夢がない、面白くない、という人がいますが、その人は売る場所や商品を間違えている可能性が高いです。eBayでは日本特有のアンティークが売れ、海外の人に喜ばれます。そして、お金を頂いて、労働時間も減り、趣味や家族との時間も増えます。スクールに入れば、同じビジョンや価値観で行動し、夢を叶える仲間にも出会えます。夢がないどころか、eBay輸出ビジネスは、夢を叶えるツールそのものと言えるでしょう。

eBayなら夢を叶えられる3つの理由

　まず1つ目は、世界中をビジネスゾーンにできることです。日本は少子化でマーケットは縮小する一方ですが、世界に目を広げるといくらでも稼げるチャンスがあります。2つ目は、ヴィンテージの骨董品、芸術品を扱うので、自分の視野も広がることです。3つ目は、利益率が高いために、お金も時間もある自由で豊かな生活が手に入ることです。フィルムカメラやアンティークコレクト品の輸出販売の魅力は何と言っても利益の高さです。1個販売して1万円利益なんて当たり前。なかには1個販売するだけで100万円以上の利益を得ることもあります。つまり、月利100万程度であれば毎月何百個、何千個と販売する必要はありません。

インターネットさえあれば高利益ビジネスが可能

　上記以外にもeBayならではのメリットがあります。過去に実際に
いた生徒の話です。彼らは友人二人で四国一周の旅に7日ほど行った
のですが、旅先のカメラ店で沢山の仕入れが出来て、温泉を堪能しな
がら四国を満喫していました。蓋を開けてみたら、旅を終える頃には
旅行代金を遥かに上回る利益をもたらせる仕入れが出来ていたのです。
しかも代行業者に撮影、保管、発送代行を任せているので、旅をしな
がら仕入れた商品を代行業者に送り指示を飛ばすだけです。旅をしな
がら販売活動は止めることなく継続できます。パソコンとWi-Fiさ
えあれば世界中どこでもeBay輸出ビジネスは可能なのです。

　私がCD屋を営んでいた時は朝から晩まで毎日18時間も缶詰めで
働き、外に出る事も出来ず、ひたすら梱包と出品、ブログ、メルマガ
執筆作業に追われていました。多い時は1日5000件の梱包と発送を
こなしたこともあります。それを考えるとこのビジネスは本当に夢と
ロマンがあると感じています。仕入れも淡々とこなすのではなく、宝
探しに近い感覚です。毎日がワクワクして時間もあって充実した毎日
が送れる。このように思えるビジネスは、未来に希望が感じられて本
当に最高だと思っています。

　円安の今、若者の海外の出稼ぎが話題になっていますが、eBayを
利用すれば、日本にいながらでも充分外貨を稼ぐことができます。ぜ
ひ、興味のある方は、eBay輸出ビジネスで一緒に夢を叶えましょう。

7-2 輸出ビジネスだからこそ 日本経済の応援になる

　eBay輸出ビジネスは、日本経済に大きく貢献できると考えています。その理由は2つあります。1つ目は、**海外市場には上限がないこと**です。国内市場は頭打ちですが、海外市場に目を向けると、日本の人口の1億2000万人の約70倍の80億人を相手に商売できます。物販だけで見ても、国内ネット通販大手の楽天市場とAmazon Japanのユーザー数は、それぞれ5000万人程度です。それに比べて、eBayのユーザー数は1億人を超えています。さらに、日本人セラーが少ないため、まだまだ稼げるチャンスが眠っています。

　2つ目は、**日本と海外の価値の差を利用して利益を出せること**です。日本では価値が低い商品でも、海外では高く評価される場合があります。例えば、今の日本ではあまり使われなくなってしまったSONYのカセットウォークマンや8mmビデオなど、世界には価値を感じてくれる人がたくさんいます。親日家で「日本の文化に触れたい」「日本の商品を手に入れたい」と考える人がいるのです。だからこそ、日本ではガラクタ同然だったものが、海外ではお宝になる可能性を秘めています。まだまだ市場開拓の余地があると言えるでしょう。このように、日本では倉庫に眠って捨てる寸前だったものが、高価値の物に変わり、海外のお客さんを喜ばせてくれます。そしてあなたには利益が入り、その利益を国へ納税することで、日本の税収アップにつながり、経済に貢献できるのです。

**成功者が必ずやっている習慣を
身に着けよう**

　ビジネスで成功するためには、成功者の習慣を身につけることも助けになるはずです。実際に会えなくても、まずはSNSからでも成功者に近づき、その考え方に触れてみてください。特に人生に対する考え方や価値観が全く違うことに気づくでしょう。成功者と自分との差を知ることで、行動を変えるきっかけになると思います。　では、実際にどんな習慣があるかをご紹介しましょう。私が考える成功者がやっている習慣は4つです。

①面倒なことこそ率先してやる

　商売の成功は、実は面倒くさいことに隠れています。**人は自分がやりたくない面倒くさい事なら、お金を払ってでも他人に頼むことがあります**。成功者はそれを熟知しているので、普通の人が面倒がってやらないことを普段から率先してやります。例えば私の場合は、毎日トイレや洗面所をきれいに洗うことを意識しています。特にトイレは素手で洗い、奥まで毎日掃除するので、便器はピカピカになっています。水回りは清潔にしなければ、異臭を放ち不快な気持ちになります。そのような気持ちで、いい仕事ができるでしょうか？　家族の雰囲気も悪くなり、逆にストレスの場になりかねません。これはあくまで一例ですが、成功者は周りの人が心地よく過ごせるように、面倒くさいことも逃げずに行動しています。

②継続する

　成功者は継続の達人とも言えます。継続することでスキルも上達しますし、相手の信頼を得るのです。「継続は力なり」と言われますが、本当に継続する事はビジネスでも大きな結果を生み出す種です。逆に一般人は、中途半端にやったりやらなかったりします。「今日は残業だから」「疲れたから明日にしよう」などと、テレビやネットサーフィン、友達との飲み会を優先してしまいます。残念ながら、これは優先順位を間違えています。優先すべきはあなたの将来につながる今日の10分です。**面倒で嫌なことこそ習慣化の力を借ります。**月収100万円は気合いと根性で一時的には稼ぐことが出来ますが、**月収100万円を「維持」するには習慣化が不可欠です。**例えばeBayの場合、「朝起きたら10分は出品作業をする」などを心がけましょう。最初は面倒に感じても、毎日の習慣にしてしまえば、やらなければ逆に気持ち悪くなるでしょう。

③マイナス発言をしない

　成功者は愚痴、弱音、文句は一切言いません。言っても何の足しにもなりませんし、逆にモチベーションが下がります。**自分にも相手にもポジティブな発言をする事で、お互いに行動するエネルギーを得られるのです。**そして、成功者は楽しいところに人は集まることを知っています。だから、成功者は何事も楽しみ、笑顔で過ごすのです。つらいことでも楽しんでしまいます。そうやって、人が集まり良いコミュニティができると、自分の頑張っている姿を見て応援してくれるファンも増えていくはずです。

④成功イメージを具体的に持つ

　イメージを動画や写真のようにビジュアル化できれば、実現する確率が高くなります。**ゴール地点がはっきりと具体的に見えていると、日々の行動も自然とゴールを意識するのです**。例えばあなたがサラリーマンで、世界中を旅行したいと考えています。月に2回ぐらい旅行にいくとなると、生活費も合わせて月に100万円ほど稼がなければいけないことはすぐにわかるでしょう。

　ここからがもっと大事です。実際に毎月2回好きな国へ旅行している自分をイメージします。「明日からローマに行きます。明後日はロンドンで、先週はスペインに行きました。サグラダファミリアはすごかったですよ！」なんて話している自分。ミラノに行って美味しいピザを食べてショッピングしている自分。「こうなりたい」ではなく、「そうなっている自分」を具体的にイメージするのです。ワクワクして、やる気が湧いてきますよね？成功イメージを具体的に描くと、それがあなたの活動のエネルギーになり、行動に繋がりやすくなります。

　まとめると、成功者が必ずやっている4つの習慣は、「面倒なことこそ率先してやる」「継続する」「マイナス発言をしない」「具体的な成功イメージを持つ」です。成功者とあなたで違う部分はあったでしょうか？**今すぐ成功できなくても、考え方や行動は今日から変えることができます**。まずは習慣を変えて、一歩一歩成功に近づいていきましょう。

7-4 夢の100リストを作成しよう

　将来の目標や理想がある人に、必ずやってほしいことがあります。それは、「夢の100リストの作成」です。**夢の100リストとは、実現させたい夢を100個リストアップしたものです。** 夢の100リストを作成するべき理由は下記の4つです。

夢を叶えるための具体的方法を考えられる

　例えば、「ロレックスの○○という時計を2年以内に買う」とリストに書いたとします。仮にほしい時計の価格が150万円だったら、貯金して買うのか、財力をつけてから買うのかなど、手段を考えます。もし、一カ月の生活費が50万円なら、最低でも月100万円以上の収入があれば、3ヶ月で買うことができます。次に、2年以内に月100万円稼ぐ方法を考えます。株式投資、ビジネスコンサル、物販など、自分で調べて出来そうなものをやってみるのです。こうやって、**リストから逆算して現実的な行動に落とし込むことができます。**

▌感謝の気持ちが湧いてくる

　100個のリストのうちの、初めの方は欲望リストです。「○○の寿司を食べる」「高級焼肉を食べる」「海外旅行に行く」「シャネルのバッグを買う…」など、欲望も30個も書くと段々と抽象度が高くなってきます。そしてそれ以降は「病気をしない体づくりをする」「毎年健康診断に行く」などに変化します。しかし、それでも100リストは埋まりません。さらにリストを書き進めると、今度は自分のことよりも、周りの人と一緒に何か夢を叶えるという内容に変わってきます。必然的に親や兄弟、配偶者、子供、自分の過去の恩師など、何か人に関連することにつながるはずです。「月に1回親を外食に連れていく」「年に1回は家族で海外旅行する」などです。すると、「最近親の顔を見てないな。たまには電話してみようか」と思うようになるでしょう。そして、「子供とも全然遊べていなくて、親として何かできているのかな」「妻はなんだかんだ責めて来るけど、妻以外に指摘してくれる人はいない。言ってくれてありがたいな」などと、感謝の気持ちに溢れるようになります。実は夢リストを書く一番の理由は、感謝が湧くことです。「ありがとう」の気持ちを持てると、メンタル的にもポジティブになり人生がうまく回っていくでしょう。**感謝されて嫌がる人はいないからです**。

理由3

100個リストアップすること自体が成功者の習慣につながる

　100個書くのは正直つらいです。サラサラと書けるのは、せいぜい30個ぐらいでしょう。でも、そこからが勝負です。最後まで必ずやり切る力が必要になります。この達成する力が成功者の習慣の入口になるのです。

理由4

リストを残すことによって自分の成長がわかる

　実際、2年ごとにリストを見直してみると、私の生徒たちの場合は6〜7割叶っていることも多いです。生徒の夢リストを見ると私は思わず涙が出てきますし、夢を叶え続ける姿を見せてくれる生徒たちに囲まれる私は、本当に幸せ者だと感じています。「多くの人の人生を変える」という私の夢リストの一つも叶っているのです。一緒に夢を叶えてくれる生徒たちには本当に感謝しかありません。

　ぜひ、みなさんも夢の100リストを書いてみてください。夢が叶うスピードが加速することは私と生徒たちが実証済みです。お金はかかりませんので、まずは紙とペンを用意して書いてみましょう。

7-5 ビジネスにおけるビジョン、経営理念を持とう

経営者はビジョンを描き、夢が実現するイメージを持つことが大切です。そのためには、**経営理念を持つことが必要です**。20年以上も個人事業主をやっている人でも、意外と経営理念を持っていなかったりしますが、私は非常に重要なことだと考えています。経営理念が重要な理由は、下記の2つです。

1つ目は**経営理念を掲げることで、会社のビジョンに共感する人材が集まること**です。例えば、自動車のホンダ技研の経営理念は「挑戦」です。すると集まる人材は、挑戦をかっこいいと思う人、挑戦したい人が集まります。そして、会社としても新しいエンジンの開発など、挑戦を続ける企業文化が出来上がるのです。

2つ目は、**経営理念がないとすぐにブレてしまうこと**です。例えば、eBay輸出ビジネスを始めたのに、円高になれば輸入をしてみたり、オイルショックのようなことがあったら物販をやめてコンサル業をしたり、景気によって株に投資をしてみたりと、風に流される柳のような人がいます。それでは、結果が出る前に辞めてしまうため、何一つうまくいきません。

経営理念は困難な時に支えてくれる

私の経営理念は、「出会う人を商売を通じて豊かにし、一人でも多くの起業家を輩出することで、社会の発展に貢献する」です。関わっ

ている人を稼げるようにし、彼らに活躍の舞台を広げてもらいたいと考えています。商売で稼いだ人達が日本に納税をし、国の税金が増えると日本が潤います。国が潤うと国民に還元されるため、社会全体が循環して景気も良くなるというビジョンを持っています。そのために、私は目の前の人を稼げる世界に連れていくことにコミットしています。もしも、私に理念がなかったら、「生徒が辞めた」「自分の言う通りに行動してくれない」などの壁にぶつかった時、すぐに折れて辞めていたことでしょう。

経営理念は、困難があった時に自分の背中を押してくれます。会社の生き方、あり方、方向性を表すのが経営理念です。最初は難しく感じるかもしれませんが、時間をかけてしっかりと作成してほしいと思います。

人生を変えるために、自分で決めよう

7-6

　自分の人生に関わる肝心なビジネスのことなのに、自分で決められない人が多くいます。せっかく、「稼いで人生を変えよう！」と思い、私のスクールの説明会に参加したにも関わらず、「主人や妻に相談します」と言って、自分で決断できない人が後を絶ちません。それでは、なぜ説明会に参加したのかわからなくなってしまうと思います。厳しいことを言うようですが、周りの人に判断を委ねているようでは、あなたの人生は変わりません。特に副業ではなく独立をしたい場合は、パートナーが「応援するよ」と言ってくれるケースは100組中1組ぐらいのものです。

　その理由は明確です。あなたと同じレベルの人に相談しても、あなたと似たような意見になるからです。さらに日本人は非常に保守的で、未知のものを怖がる傾向が強いと言われています。そのため、相談したところで反対されるのが関の山です。そして、結局「僕にはまだ早いです」と報告して来られる人が後を絶ちません。タイミングには早いも遅いもありません。**なぜなら、タイミングは自分で決めるものだからです**。せっかく人生を変えようと説明会に足を運んだり、本書を手に取ったのに、結局人生の決断を他人に委ねるのは、本当にもったいないと思います。

自分の周りの人は現状の価値観に近い人

　忘れてはいけないのが、あなたの周りにはあなたに近いレベルの人しかいないことです。身近にいる周りの5人の年収を足して5で割ったら、あなたの年収になります。価値観や人生観が近い人が周りに集まるからです。

　例えば、私が学生時代の同級生と東京でばったり会って、寿司でも食べようとなったとします。私は久々の再会なのでどうせなら銀座の美味しいお寿司屋さんを選びますが、その友人はサラリーマンで小遣いが月2万だったとしましょう。そんな高級寿司屋を選択しようと思うでしょうか？　おそらくは低単価の寿司屋を選択すると思います。金銭的価値観の違いはこういうところでも出てきます。仮にその時は高級寿司屋に行ったとしても、彼は支払いの事で頭が一杯で楽しめないかもしれません。私は楽しくても彼には苦痛以外の何物でもない可能性もありますし、寿司を味わう余裕などないかもしれません。そうなるとだんだんと距離も出来てしまいます。先ほど金銭的価値観と述べましたが、まさにこれは価値観の違いから起こる現象です。

　自分と同じ価値観の人は、自分の現状の価値観に沿ったアドバイスしかくれません。反対するにしても、「なんか知らないけど、うさん臭いからやめといたら」など、明確な根拠がないのです。

　人生を変えたいなら、何事も自分で決めることが大切です。自分で下した決断だからこそ、後悔しないように本気で打ち込めるのです。自分が進みたい方向へ人生の舵を切った人だけが成功という目的地に到着します。

7-7 結果を出すために 正しい努力と行動をしよう

　何でもそうですが結果を出すには、正しい努力と行動が必要です。**どんなに一生懸命がんばっても、努力の仕方を間違えると、残念ながら結果には結びつきません。**努力の仕方を間違える原因は2つあります。

学びを投資と捉えない

　稼げるようになるためには、無形資産をつくることです。スキルには形がありません。例えば、体調が悪ければ、医者に言って診察を受けて、処方箋を出してもらうでしょう。また、財産分与で揉めれば弁護士に、税金の相談なら税理士に相談します。これらは資格というスキルを元に、目に見えない形のないサービスにお金を払っています。

　しかしビジネスに関しては、スキルも知識も無いのに、お金をケチって独学で努力をしようとする人が多いのが現状です。稼げない人は、目先の形あるものを欲しがります。目先の現金や返金保証というような「形」を求めるのです。残念ながら、商売に担保はありません。**お金も時間も労力もリスクを取らなければ、リターンは得られません。**お金を払うことを惜しむと、YouTubeなどで無料の情報を探しにいきます。YouTubeの情報は所詮無料の情報ですし、同じYouTube内で全く逆のことを教えていることもあるでしょう。様々な無料の情報を収集しても、基礎的な情報しか得ることはできません。

学ぶ場所を間違えてはいけない

手前味噌ですが、本書の読者の方は、先生選びを間違えていないと言えます。なぜなら、私はeBay輸出ビジネスで結果を出し続けていますし、多くの生徒さんたちは実際に稼いでいるからです。残念ながら世間には、ほんの短期間だけ結果を出した指導者、自分は結果を出しても生徒さんは稼いでいない指導者なども実際に存在します。本書を繰り返し読んで、実行に移すだけでも結果は出ると思います。

スクール選びは慎重に

さらに、本気で稼ぎたいならスクール受講をするといいでしょう。ただし、スクールに入る際にも指導者選びに自分の未来の収入がかかっています。新たな収入を得られれば人生も大きく変わります。人生を揺るがす決断ですので、値段だけで判断してはいけません。「安いからやる」「高いからやらない」という思考ではなく、**学ぶに値する価値があるかどうかで判断してください**。仮にあなたが毎月100万円稼げるスキルを身に着けたとしましょう。一度身に着けたスキルは継続する限り安定した収入が得られます。1年だと年収1200万円、10年継続したら実に1億2000万円の収入です。そう考えた時に受講料の100万円は高いでしょうか？私なら500万円でも安いと思います。ぜひ、将来的に得られるリターンを視野に入れて選択する思考になってください。

そして、物販は数ヶ月で相場も需給バランスも変わります。時代の流れに非常に敏感なのです。3ヶ月前の情報は既に古くなるため、**物販で収入を得たいのなら、現役の物販プレイヤーである指導者から学**

んでください。これは必須条件です。そして、あなたを稼げる人に育てようと惜しみなく教えてくれて、あなたが欲しい実績を出し続けている人に教えてもらいましょう。残念ながら、指導者全員が実績も指導力も人間力もあって、安心できるコミュニティを持っているわけではありません。だからこそ、見た目の派手さや自慢されたノウハウ、充実したコンテンツや教材といった表面上のところで判断せず、本質をしっかり見極めたうえでの選択が大事になってきます。

スクールコミュニティ内の情報共有が大切

　私のコミュニティでは情報は惜しみなく講師も受講生も与えます。「なぜ人に教えるのか理解できない」と思う方も多いでしょう。実はそれらは間違いです。情報を独り占めする時代はとっくに終わったのです。**情報は出し合うからこそ自分にも新たな情報が入ってきて、さらに稼げるようになるのです。**

　ある商品の一例で説明しましょう。私は主にフィルムカメラをメイン商材とした販売方法を指導していますが、うちのスクールのとある生徒が8mmビデオカメラ（ムービーカメラ）に目を付けました。当時はそんなものに注目する人は皆無で、ガラクタ同然でネットやカメラ店でも販売されていたからです。その生徒からの情報を得て私はeBayでは3〜5万円で出品できることを知り、どんどん出品していきました。そのうち、他の生徒も次々と真似をするようになり、8ミリビデオを扱う人が増えました。そうすると、100円で出品していたカメラ屋さんも8ミリビデオに価値があるとわかり、強化買取をするようになります。するとまた生徒たちが仕入れて、eBayでどんどん出品します。市場が掘り起こされ、何億円、何十億円の市場になって

いきます。そうすると、スクールにも生徒が増えて活性化し、さらに情報が飛び交い、新たな市場が掘り起こされていきます。お客さんも喜び、生徒も喜び私自身も喜ぶのです。

　やはり**自分1人では、得られる情報も限られますし、市場の掘り起こしもできません。**だから、私はどんどん惜しみなく儲かる方法を教えます。一人で儲かって一人で幸せになっても、むなしいだけです。しかし、一緒に幸せになる人が増えれば、その幸せが5倍にも10倍にもなります。

　正しい努力をするには、学びにお金を投資して、本気で教えてくれる講師を見つけることが先決です。正しい投資であれば、将来に何十倍、何百倍という大きなリターンを生むことになるでしょう。

合わない上司で出社が嫌になり、eBayで脱サラ

　私は19年間、会社員として働いていましたが、業務や給与など特に不満なく過ごしていました。しかし、数年前、性格が合わない上司と仕事をすることになり、どれだけ頑張っても報われないことを感じ、これまでの働き方に嫌気がさしたのです。残りの人生を、自分のやりたいことに賭けるため、独立する資金の準備を始めました。

　まず、今の生活を維持するためにも、最低でも現在の給与と同等以上の収入が必要であると考えました。その後、eBayの物販で稼いでみようと考え、カメラ販売に興味を持ちました。

　いざカメラ販売をスタートして、仕入れの難しさや自分の心の弱さに向き合いました。『やると決めたらやる！』と自分を奮い立たせましたが、それでも心折れることは数え切れず…。

　目標を達成するまでは、担当講師に相談に乗ってもらい、どうにか辞めず最初の目標である月利100万円を達成することができました。それまで、いろいろな人に励まされ、言葉を頂き導いてくれたことに、とても感謝しています。その後、会社を辞め、自分のペースで仕事が出来ること、全て自分で決めたビジネスを進められることに幸せを感じます。今後は、さらに利益を増やすことを目標にしています。

　「楽しむこと」というのは、わたしにとって一番の課題です。一見単純なものですが、その中には深い意味があると思います。楽しむために、自分が本当に興味を持ち、楽しむことが出来る分野に集中し、情熱を傾けられることが成功する近道だと感じました。

S.Kさん（45歳・女性）

あとがき

本書を最後までお読みいただき、本当にありがとうございます。

「今の生活が経済的に苦しい」「会社に行ってもやりがいがない」「将来的に普通の生活を続けられるのだろうか？」など、漠然とした悩みを抱えた方もいると思います。かつての私のように、生きるか死ぬかのギリギリの生活をしている方もいるかもしれません。そのような方にお伝えしたいのは、「一歩踏み出す勇気を持ってください」というメッセージです。

私は多くの方と話をしながら感じることがあります。40代の就職氷河期世代や、若い時に不景気の中で生まれ育った世代は、とても現実的だということです。そして、「両親や国、組織には頼れない。自分の身を他の人は守ってくれない」と、悲観的に考えている人が多いように思います。ある意味では、しっかりしているのですが、悲しいことに夢がありません。「後で失望するぐらいなら、最初から夢なんて見ない方がいい」と夢を見ることを諦めています。しかし自分を卑下しないで欲しいのです。あなたの未来は、あなた自身で変えることができます。人間は可能性に満ち溢れています。やる前から諦めていては自分の可能性やエネルギーを感じる事も出来なければ発揮も出来ません。本当は自分が思っている以上に凄いポテンシャルと能力を秘めているのです。それを生かすも殺すもあなたの決断と行動、そしてほんの少しの勇気次第です。

私のスクールには、月収100万円以上を稼いでいるのに、1日の作業時間は1、2時間という生徒が大勢います。彼らは自分が稼げるステージで輝き、あなたが理想とするような生活をしています。しかし、彼らもほんの数年前までは、「この先どうしよう…」と不安に駆られていた人たちばかりです。

あなたと彼らの間にある差は、いったい何でしょうか？　私は、たった2つの違いだけだと思います。1つ目は、自分で決断したことです。彼らは現状や未来

を変えようと、自分で責任を持ってやると決めたのです。2つ目は、成果を焦らず、継続し続けていることです。eBayでのアンティーク商材の販売は、出品してからすぐ売れるわけではありません。当たり前ですが、1時間の労働で月収100万円という世界はすぐにやって来ません。スクールの中にも、出品して1日2日で、「売れません」と言ってくる人がいますが、もう少し根気強く構える必要があります。正直、辞めたいと思う瞬間が何回も訪れるでしょう。私も、きついと思った時期がありましたが、諦めずにコツコツと続けたことで道が開けてきたのです。

　あなたの人生を変えるには、これまでの経験や知識、年齢や性別は、正直関係ありません。私の下でeBayを始める方の9割はeBay未経験で、英語はもちろん話せません。フィルムカメラの知識はほぼ全員がゼロですし、物販経験がない方も半数以上です。なかにはパソコンを買うところから始める方もいますが、それでも結果を出している方は数えきれません。50歳を過ぎてから月収100万円以上達成した方も沢山いますし、私の生徒の最高齢はなんと83歳です。

　もし、あなたがeBay輸出ビジネスに魅力を感じたのなら、本書を参考にしながら、まずは始めてみて下さい。

　ただ、いくら私が言ったところで、最終的に決断して行動するのはあなたです。「自分にできるのだろうか…」と思うのではなく、「自分ならできる！」とポジティブに考え、大いなる一歩を踏み出してください。そして、一緒にたくさんの夢を叶えていけたら本当に嬉しいです。

　最後になりましたが、いつも支えてくれている妻と2人の子供たち、スクールの生徒や講師たち、本書に至るまでに私の人生に影響を与えてくれたすべての方々に心から感謝申し上げます。

2023年8月吉日　李 公熙（リ・コンヒ）

こんさん

eBay輸出ビジネススクール校長、株式会社SUN取締役。
2015年1月にeBay輸出ビジネスを始めて、4ヵ月で月収100万円を
達成。同年11月からeBay輸出ビジネスのコンサルティングを開始。
2017年1月から、スクール事業をスタート（過去15期開催）。現在、
生徒数は在校生と卒業生合わせて2000人以上。月利益30万円以上を
1000人以上、月利益100万円以上を150人以上輩出している。本気
で生徒を稼がせたいという情熱の指導は、生徒からの信頼も厚い。
K-POPのCD販売業（ネットショップ）で借金2300万円を負ったが、
ebayで1年10か月で完済した叩き上げの経営者でもある。スクール
運営の他にも外注化事業や宅配バーベキュー事業など3社を経営。

いまいちばんかせ
今一番稼げるビジネス　eBayで月収50万円稼ぐ方法
げっしゅう　まんえんかせ　ほうほう

2023年12月19日　　初版発行
2024年11月11日　　3刷発行

著　者　　こ　　ん　　さ　　ん
発行者　　和　田　智　明
発行所　　株式会社　ぱる出版

〒160-0011　　東京都新宿区若葉1-9-16
03(3353)2835─代表
03(3353)2826─FAX
印刷・製本　中央精版印刷(株)
本書籍に関するお問い合わせ、ご連絡は下記にて承ります。
https://www.pal-pub.jp

ISBN978-4-8272-1404-8　C0034